COURS MÉTHODIQUE

DE

DESSIN LINÉAIRE

ET DE

GÉOMÉTRIE USUELLE.

1

OUVRAGES DU MÊME AUTEUR

Qui se trouvent chez L. Hachette, *Libraire.*

Tableaux de dessin linéaire pour l'enseignement mutuel et l'enseignement simultané, 10 feuilles demi-jésus. Paris, 1833. Ouvrage adopté par le conseil royal de l'instruction publique. Prix : 2 fr. 50 c.

Ces tableaux sont destinés aux écoles qui ne peuvent pas faire les frais d'un certain nombre d'exemplaires du *Cours méthodique de dessin linéaire*. Une collection de tableaux suffit pour toute l'école.

Questions sur le dessin linéaire. Brochure in-8° destinée aux maîtres ou aux moniteurs. Prix : 25 c.

Ces questions sont indispensables pour les écoles où l'on a adopté le *Cours méthodique de dessin linéaire*.

Traité élémentaire d'arpentage et de lavis des plans, suivi de la mesure des bois et des solides. Deuxième édition, augmentée de deux planches coloriées. Prix : 2 fr.

Cet ouvrage convient non seulement aux écoles, mais aux colléges et à MM. les notaires, juges de paix, propriétaires, etc.

Tableaux d'arpentage, à l'usage des écoles d'enseignement mutuel et d'enseignement simultané ; 8 feuilles demi-jésus, avec un manuel in-8°. Prix : 2 fr. 50 c.

Le *Manuel* seul, à l'usage des maîtres et des moniteurs, 50 c.

La Géographie enseignée par le dessin des cartes ; ou instructions pour remplir les cartes à simples projections et à projections accompagnées du tracé du littoral ; 1 vol. in-8° de cinq feuilles avec une planche gravée. Prix : 1 fr. 50 c.

Cartes muettes servant à l'enseignement de la géographie par le dessin. Chaque carte, demi-feuille grand-raisin, bien collée. Prix : 20 c.

Ces cartes sont de deux sortes : les unes, à l'usage des commençants, contiennent les projections et le tracé du littoral de chaque pays ; les autres, à l'usage des élèves plus avancés, ne contiennent que les projections.

Les cartes ci-après sont en vente : Mappemonde. — Europe. — Asie. — Afrique. — Amérique méridionale. — Amérique septentrionale. — Océanie. — France. — Italie. — Allemagne. — Pays-Bas. — Russie. — Turquie. — Angleterre. — Espagne — Suède, Norwège et Danemark. Grèce. — Palestine.

Système légal des poids et mesures prescrit par la loi sur l'instruction primaire ; 1 vol. in-18 de 2 feuilles. Prix : 40 c.

Tableaux du système légal des poids et mesures, 12 feuilles couronne collée. Prix : 1 fr. 50 c.

Tableaux d'arithmétique, par MM. Vernier et Lamotte, 60 feuilles couronne collée. Prix : 5 fr.

Tableaux de lecture sans épellation ; par MM. Lamotte, Perrier, Meissas et Michelot ; 50 tableaux couronne collée, avec un manuel de 5 feuilles un quart in-8°. Prix : 3 fr. 25 c.

Le *Manuel* seul, pour l'enseignement individuel. Prix : 75 c.

COURS MÉTHODIQUE

DE

DESSIN LINÉAIRE

ET DE

GÉOMÉTRIE USUELLE,

APPLICABLE A TOUS LES MODES D'ENSEIGNEMENT,

ET DESTINÉ

AUX COLLÉGES, AUX PENSIONS ET AUX ÉCOLES PRIMAIRES SUPÉRIEURES;

PAR M. L. LAMOTTE,

AUTEUR DU TRAITÉ ÉLÉMENTAIRE D'ARPENTAGE.

OUVRAGE

ADOPTÉ PAR LE CONSEIL ROYAL DE L'INSTRUCTION PUBLIQUE.

TROISIÈME ÉDITION.

PARIS,

LIBRAIRIE CLASSIQUE ET ÉLÉMENTAIRE DE L. HACHETTE,

ANCIEN ÉLÈVE DE L'ÉCOLE NORMALE.

RUE PIERRE-SARRAZIN, N° 12.

1833.

PRÉFACE.

Sans méthode, point de livre élémentaire. La clarté, indispensable dans les éléments, résulte d'un enchaînement de propositions disposées dans un ordre progressif de difficultés.

Si la transition d'une proposition à la suivante est bien ménagée et peu sensible, si la chaîne des idées n'est pas brusquement interrompue, l'étude devient un amusement, et les progrès sont rapides.

Remarquons toutefois la différence essentielle des sciences et des arts, considérés sous ce rapport.

La science, pour mériter ce nom, doit être une suite de propositions dépendantes les unes des autres et dérivant d'un principe connu. On ne comprend pas une science sans *méthode*, *analyse*, *système*.

Dans les arts, la succession des degrés par lesquels il faut passer pour approcher de la perfection, but éloigné de nos efforts, n'est pas indiquée comme dans les sciences, comme dans l'étude des langues.

Et cependant nous devons croire que ceux qui réussissent dans les arts ont suivi instinctivement les règles de cette logique naturelle, que l'on rencontre à chaque instant, même chez les hommes dépourvus de toute instruction.

En vain objecterait-on que l'organisation a la plus grande part dans le succès; qu'on vient au monde avec des dispositions spéciales pour être peintre, pour être musicien, etc. Nous ne prétendons pas nier l'influence de l'organisation; mais nous réclamons une large part pour *la volonté* et pour *la méthode*.

C'est dans l'étude des arts que la méthode est surtout nécessaire; mais c'est dans l'enseignement qu'elle est indispensable. Ainsi, par exemple, nous avons vu des dessinateurs habiles être de fort mauvais maîtres de dessin. Leur seul défaut était de céder trop complaisamment aux désirs irréfléchis de leurs élèves, qui voulaient dessiner trop promptement des grandes têtes ou des académies : il n'y avait plus de méthode, il n'y avait plus de progrès possibles.

Dans le dessin de la figure on fait dessiner d'abord des nez, des yeux, des bouches, des oreilles, puis des portions de figures, puis des figures entières de profil, de face, de trois quarts. Arrivés à ce point, les élèves copient de petites têtes couvertes de casques, des têtes avec une chevelure plus ou moins difficile, et enfin les grandes têtes.

L'étude des pieds et des mains mène également au dessin des académies. Viennent ensuite les bosses, qui conduisent à copier la nature animée.

Telle est la marche logique suivie par les bons professeurs.

Les innovations n'ont fait que des dupes.

Dans le dessin linéaire on trouve des figures très simples et d'autres très compliquées. Le mérite de cet enseignement consiste dans une progression méthodique de difficultés.

Depuis huit ans que j'ai introduit l'étude du dessin linéaire dans l'établissement que je dirige, j'ai fait des essais de tout genre pour aplanir les difficultés qu'éprouvent les écoliers avant d'arriver à la correction et à la pureté des lignes et des contours.

Le Cours méthodique de dessin linéaire, dont j'offre aujourd'hui au public une troisième édition, est le résultat d'une expérience de plusieurs années, et j'ose assurer qu'il sera très utile dans les colléges, dans les pensions et dans les écoles primaires, si l'on suit exactement la marche que j'indique.

Pour être toujours à la portée des élèves, je n'emploie dans les premiers chapitres que les formes de phrase les plus simples, je répète les mêmes tours et les mêmes expressions pour être plus facilement compris. Quand un mot technique se présente, j'en donne de suite l'explication, toutes les fois que cette explication ne me conduit pas trop loin. Puissent les maîtres et les pères de famille me savoir quelque gré de ces précautions trop souvent négligées dans les ouvrages élémentaires !

Je n'ai pas cru devoir m'occuper de la perspective: c'est une étude qui demande plus de réflexion que les enfants ne sont capables d'en apporter ordinairement, et qui d'ailleurs suppose des connaissances en mathématiques. Des notions superficielles et incomplètes de perspective me semblent tout-à-fait inutiles.

Plusieurs ouvrages existent déjà sur le dessin linéaire; mais ils ne remplissent pas le but que leurs auteurs se sont proposé. La plupart des maîtres qui en font usage ne se servent que des planches, et les élèves ne lisent pas même le texte, qui n'est pas à la portée de leur intelligence. Comment espérer des succès quand on ne connaît que le nom des figures, et qu'on ignore sur quels principes est basée leur construction ?

L'ouvrage que je publie a pour but de remédier à ce grave inconvénient. Le texte est inséparable des planches; une partie même doit être confiée à la mémoire.

Le chapitre XVI est destiné à servir d'examen pour constater ce travail.

Cette troisième édition contient quelques changements notables.

J'ai dû me rendre à l'avis d'hommes habiles qui m'ont engagé à donner les constructions géométriques que je m'étais contenté d'indiquer d'abord dans le XIVe chapitre. Plusieurs principes ont été développés ; une planche, celle qui représente les machines simples, a été entièrement refaite, une autre planche a été ajoutée ; des figures ont été rectifiées, refaites, ajoutées; en un mot, je n'ai rien négligé pour répondre à l'accueil favorable que les maîtres ont bien voulu faire à mes deux premières éditions.

Cette approbation a été pour moi un puissant encouragement; et si mon livre est aujourd'hui plus simple, plus clair, plus facile encore à appliquer dans une école, je reconnais que la bienveillance du public a pu seule me faire surmonter les difficultés que m'a présentées la révision attentive de ma méthode.

Je dois une partie des améliorations qu'ont subies les figures de l'atlas aux soins empressés de M. Normand fils, dessinateur habile, qui manie également bien le crayon et le burin.

Avant de terminer, je dois m'expliquer nettement sur la manière dont j'envisage le dessin linéaire.

Des auteurs estimables qui ont écrit sur ce sujet ne veulent y voir que la géométrie des écoles, et des constructions géométriques.

D'autres rejettent complétement le secours de la géométrie, ou la supposent connue. Ils se contentent de présenter aux élèves des modèles progressifs qui les mènent jusqu'aux académies tirées de l'antique, et jusqu'à la perspective et l'architecture.

J'ai examiné avec le plus grand soin le but de cet enseignement, et je crois qu'il y a erreur de part et d'autre.

Ne voir dans le dessin linéaire qu'un tracé au compas et à la règle, c'est ne pas même réfléchir à la signification du mot *dessin*, ou c'est en restreindre le sens d'une manière arbitraire.

Ne pas vouloir s'aider de la géométrie, ne pas y rapporter la construction des figures, c'est repousser l'exactitude et la justesse.

Si la géométrie donne de la précision au dessin, le dessin à vue donne de la grâce et de la facilité.

C'est donc seulement dans l'alliance de ces deux procédés que consiste, selon nous, l'art du dessin linéaire, qu'il faut bien se garder de confondre avec *l'esquisse* ou tracé du dessin.

L'idée de dessin linéaire rappelle nécessairement des rapports géométriques ou symétriques, et ne saurait s'appliquer aux traits irréguliers des sites, des paysages, etc., etc.

Une fois le point de départ bien déterminé, mon plan s'est développé de lui-même.

La loi sur l'instruction primaire prescrit l'enseignement du dessin linéaire aux écoles primaires supérieures. Si cette étude est obligatoire pour les écoles supérieures, elle n'est pas interdite pour cela dans les autres écoles, qui chercheront à étendre leur enseignement et à mériter un titre plus élevé.

Tout annonce que le dessin linéaire sera introduit dans quelques années jusque dans les plus petites écoles.

Nous nous estimerons heureux si nous avons pu contribuer à populariser cette étude si utile à toutes les classes de la société.

COURS MÉTHODIQUE

DE DESSIN LINÉAIRE

ET DE

GÉOMÉTRIE USUELLE.

INTRODUCTION.

1. Le dessin linéaire, dans un sens étendu, est l'art de représenter les différents objets de la nature au moyen de simples traits.

Le dessin linéaire, tel que l'entend la loi sur l'instruction primaire, n'est qu'une *application usuelle de la géométrie;* il s'appuie sur les principes géométriques, et a pour objet principal de représenter les productions des arts industriels, les machines, etc., etc.

Cette étude conduit naturellement à celle du dessin proprement dit, qui, par des ombres convenablement disposées, donne du relief à des figures tracées sur une surface plane, c'est-à-dire fait croire à l'œil que certaines parties sont en saillie, *en bosse*, comme dans la nature.

Le dessin linéaire devrait toujours, dans les colléges royaux et communaux, précéder le dessin de la figure.

L'expérience a démontré que les élèves dont l'œil et la main étaient exercés par le tracé linéaire faisaient des progrès rapides dans le dessin de la figure, et obtenaient un avantage marqué sur leurs camarades dans les constructions mathématiques (1).

Toutes les professions industrielles ont besoin du dessin linéaire, les ouvriers pour faire leur travail, les chefs d'ateliers pour le préparer.

Quel est l'homme, même dans la position sociale la plus élevée, qui ne sente en mille occasions la nécessité de transmettre clairement sa pensée à un architecte, à un maçon, à un ébéniste, ou à tout autre ouvrier, par une figure, par un dessin rapide? Des explications longues et inintelligibles pour l'ouvrier sont remplacées si avantageusement par un tracé linéaire!

Mais, dans ce cas, le tracé linéaire n'a pas besoin d'être exécuté avec une précision mathématique; il suffit que ce soit une indication, une approximation. La justesse, qui, dans ce cas, n'est pas indispensable, doit être suppléée par la rapidité.

Si, au contraire, un maître prépare le travail de ses ouvriers, les mesures doivent être parfaitement exactes. Ce n'est qu'avec les instruments de la géométrie qu'on peut arriver au degré de précision convenable.

Nous distinguerons en conséquence deux espèces de dessin linéaire, *le dessin à vue ou sans instruments,* et *le dessin graphique ou avec des instruments.*

Ces deux genres de dessin sont également utiles selon les circonstances. Ils méritent d'être étudiés avec le même soin.

(1) MM. les professeurs de mathématiques ont dû remarquer que la plus grande difficulté qu'éprouvent leurs élèves en géométrie, quand ils arrivent aux plans et aux polyèdres, vient des figures elles-mêmes, dont ils se font des idées inexactes. Avec l'étude préalable du dessin linéaire, cet obstacle disparaît en grande partie : j'en ai la preuve depuis long-temps dans mes classes de géométrie.

Je fais dessiner d'abord les figures, et quand les élèves en comprennent la position, je les leur fais construire; pour les plans, ils se servent de planchettes minces de bois de cèdre et de tiges métalliques très fines; pour le développement des polyèdres, ils emploient du carton lisse. J'ai une collection de ce genre, très remarquable par l'exactitude du travail et entièrement faite par des enfants de quatorze ou quinze ans.

Il n'est pas indifférent de commencer par l'un ou par l'autre. Le dessin à vue donne de la justesse au coup d'œil, de la hardiesse à la main, et de la grâce aux contours. A ces qualités acquises le dessin graphique ajoute la précision et l'exactitude.

Mais vouloir que les élèves tracent immédiatement leurs figures avec le compas et la règle, c'est leur interdire la facilité, c'est circonscrire leur intelligence dans un cercle étroit, comme on le fait sous d'autres rapports dans les ouvrages écrits par demandes et par réponses.

2. La figure la plus compliquée se réduit, en dernière analyse, à deux éléments, *la ligne droite* et *la ligne courbe*.

Nous diviserons le dessin linéaire à vue et sans instruments en trois parties :

1° *De la ligne droite et de ses applications ;*

2° *De la ligne courbe et de ses applications ;*

3° *De la combinaison de la ligne droite et de la ligne courbe.*

Le dessin linéaire graphique, ou avec des instruments, ne forme qu'une seule partie.

DESSIN LINÉAIRE A VUE.

I. DE LA LIGNE DROITE.

CHAPITRE PREMIER.

Eléments géométriques.

(Avant de commencer cette première leçon, les maîtres devront lire le chap. XV, qui contient l'instruction pour l'application de l'enseignement du dessin linéaire.)

3. Nous supposons les élèves placés en cercle autour d'un tableau noir (1).

Deux procédés différents seront employés, selon l'âge des élèves. Les jeunes enfants copieront les quinze premières figures; les plus âgés, au contraire, traceront ces quinze premières figures sur le tableau noir, sans consulter le modèle, et sur la seule explication du maître.

Le maître ou le moniteur, suivant le mode d'enseignement, avant de tracer ou de faire tracer la ligne droite, donnera les explications suivantes (2) :

« On définit *la ligne droite* le plus court chemin d'un « point à un autre.

(1) S'il n'y avait pas de tableaux noirs, il faudrait adopter l'enseignement individuel. Cependant nous devons faire remarquer que, dans tous les modes d'enseignement, et même dans le mode individuel, on a besoin de tableaux noirs. Il est si avantageux et si commode, pour un maître qui s'aperçoit qu'une explication n'est pas comprise, de pouvoir la développer sur un tableau noir ! Cette explication prend alors une forme matérielle qui devient sensible et qui se grave plus profondément dans l'esprit des écoliers.

(2) Les guillemets indiqueront dorénavant les explications verbales que devra donner le maître.

« Un *angle* est l'espace renfermé entre deux droites qui « se coupent. Deux droites ne peuvent se couper qu'en « un seul point, qu'on nomme *point d'intersection*.

« La fig. 6 représente un angle : les deux lignes droi- « tes qui concourent au point d'intersection sont les « *côtés* de l'angle. Le point d'intersection en est le *sommet*.

« Une droite qui tombe sur une autre droite forme « avec celle-ci deux angles qui sont égaux ou inégaux.

« Si les deux angles sont égaux (comme dans la fig. « 5), les angles sont *droits*, et la ligne est *perpendicu-* « *laire*. »

Si les deux angles sont inégaux, l'un est plus petit qu'un angle droit, et se nomme *angle aigu*, et l'autre est plus grand, et se nomme *angle obtus*.

« La ligne droite, selon sa position, reçoit plusieurs « dénominations : elle est *verticale, horizontale*, *oblique,* « *perpendiculaire*.

« La *verticale* est la direction suivant laquelle les corps « tombent lorsqu'ils sont abandonnés à eux-mêmes : c'est « une ligne droite déterminée par le fil à plomb libre- « ment suspendu.

« Le *fil à plomb* est un fil à l'extrémité duquel se trouve « une petite masse de plomb.

« L'*horizontale* est une ligne qui fait un angle droit « avec la verticale : elle répond au niveau de l'eau tran- « quille.

« L'*oblique* est une droite qui fait un angle aigu d'un « côté et obtus de l'autre, avec une autre droite qu'elle « rencontre. »

Il est très important de ne pas confondre les notions de verticale et de perpendiculaire.

« La verticale est toujours perpendiculaire à l'hori- « zontale, tandis qu'une perpendiculaire à une droite « peut être oblique à l'horizontale. En effet, il suffit, « pour qu'une ligne droite soit perpendiculaire sur une « autre, que les deux angles qu'elle fait avec cette droite « soient égaux.

« Ainsi donc une oblique à l'horizontale peut être per-
« pendiculaire en même temps sur une autre droite, tan-
« dis que la verticale a pour caractère distinctif d'être
« toujours perpendiculaire à l'horizontale. »

4. *Tracer une horizontale*, fig. 1. (On ne doit se servir ni de règle, ni de corde blanchie à la craie.) — Aucune difficulté pour tracer l'horizontale; cependant il faut exiger que le trait soit bien net. Pour cela, il conviendrait que le maître, surtout dans les premières leçons, donât à ses élèves des morceaux de craie taillée en pointe fine. Si la craie se brisait trop facilement, on remédierait à cet inconvénient en la faisant durcir dans des cendres chaudes : cette précaution lui donne suffisamment de consistance pour être taillée en pointe aussi fine qu'on peut le désirer. Plus tard, il faudra accoutumer les enfants à tracer les traits les plus déliés avec un morceau de craie non taillée, en se servant adroitemeut des parties anguleuses.

Vérification de l'horizontale.—Le maître ou le moniteur appliquera le mètre sur l'horizontale, et placera au-dessus un niveau, celui, par exemple, dont se servent les maçons, et s'assurera de sa régularité. La ligne sera horizontale si le fil à plomb du niveau couvre bien la ligne verticale qui est tracée sur l'instrument. L'erreur sera rectifiée de suite à la craie.

5. *Tracer une verticale*, fig. 2. — La verticale est d'une exécution plus difficile que l'horizontale. Les élèves, habitués à donner à l'écriture une pente de droite à gauche, conservent cette habitude, les premiers jours, dans le tracé des verticales. Le maître, prévenu sur cette tendance d'inclinaison vers la gauche, y donnera une attention particulière.

L'élève appelé au tableau tracera plusieurs verticales jusqu'à ce qu'il réussisse, ou bien chaque élève viendra successivement tracer une seule verticale. La comparaison donnera lieu au maître d'accorder des éloges aux plus adroits.

Vérification de la verticale. — Le maître ou le moniteur vérifie la verticale avec un fil à plomb : si la verticale est exacte, elle doit se trouver cachée dans toute sa longueur par le fil à plomb.

6. *Tracer une oblique.* — « Il n'y a qu'une espèce de « droite horizontale et de droite verticale, mais les obli- « ques varient d'inclinaison à l'infini : on les distingue « seulement en *obliques de droite à gauche*, et *obliques* « *de gauche à droite* (1). »

Tracer cinq obliques de droite à gauche, fig. 3. *Tracer cinq obliques de gauche à droite*, fig. 4. — L'inclinaison des obliques pouvant varier à l'infini, la seule précaution du maître, relativement à ces deux figures, consiste à exiger : 1° que les obliques soient bien droites, 2° qu'elles aboutissent toutes au même point.

Vérification des obliques fig. 3 et 4. — On appliquera la règle (2) sur les obliques tracées par l'élève, et on rectifiera à la craie les défectuosités qui pourront s'y trouver. Comme il est difficile de faire coïncider toutes les obliques au même point, on aura soin d'abord que les élèves tracent les obliques à partir du point de contact ; plus tard on les fera tracer dans le sens inverse. Ces précautions semblent minutieuses, mais elles sont justifiées par l'expérience.

7. Dès que les élèves sauront tracer nettement les quatre figures précédentes, on répétera le même exercice sur des lignes de longueur déterminée, jusqu'à ce que les élèves apprécient les différences en millimètres. Quatre ou cinq leçons seront suffisantes.

« Le mètre que vous voyez (on montrera en même « temps un mètre) est une mesure de longueur égale à « la dix-millionième partie du quart du tour de la ter-

(1) Si l'on considère la ligne droite par rapport à un plan qu'elle rencontre à une de ses extrémités, on lui donne le nom de *ligne inclinée*.

(2) Quand je me servirai du mot *règle*, dans le dessin linéaire sans instruments, il faudra entendre le mètre ou le demi-mètre qui sert à vérifier les droites.

« re (1). Il équivaut à 3 pieds 0 pouces 11 lignes 296, « et dans la pratique à 3 pieds 1 pouce: cette approxi- « mation s'éloigne de la mesure exacte de moins de 3/4 « de ligne. Le mètre se divise en dix parties appelées « décimètres (dixième de mètre); chaque décimètre se « divise en dix centimètres (centième de mètre); cha- « que centimètre en dix millimètres (millième de mè- « tre). »

8. ***Tracer des horizontales, des verticales et des obliques de***

1 décimètre, ou 0m 1, puis de 0m 2, 0m 3, 0m 4, 0m 5. . . . 0m 9

Tracer des horizontales, des verticales et des obliques de

onze centimètres 0m 11, 0m 12, 0m 13 . . . . 0m 19
vingt et un centimètres, 0m 21, 0m 22, 0m 23 . . . . 0m 29
trente et un centimètres, 0m 31, 0m 32, 0m 33. . . . . 0m 39

Tracer des horizontales, des verticales et des obliques de

cent onze millimètres, 0m 111, 0m 112, 0m 113 . . . . . . 0m 119
cent vingt et un millimètres, 0m 121, 0m 122, 0m 123. . . 0m 129
cent trente et un millimètres, 0m 131, 0m 132, 0m 133. . . 0m 139
deux cent onze millimètres, 0m 211, 0m 212, 0m 213. . . . 0m 219
deux cent vingt et un millimètres, 0m 221, 0m 222, 0m 223. 0m 229
deux cent trente et un millimètres, 0m 231, 0m 232, 0m 233. 0m 239

Les enfants apprécient facilement les centimètres, mais les millimètres échappent par leur petitesse à une évaluation rigoureuse. Il faut ne pas exiger d'abord une trop grande exactitude, et n'indiquer aux élèves que de petites dimensions à tracer.

Pour leur donner l'idée d'un nombre considérable de millimètres, tels que 239 millimètres, on leur fait remarquer que 0m 239 est la même chose que 2 décimètres 3 centimètres et 9 millimètres, et on leur fait tracer séparément les décimètres, les centimètres et les millimètres.

(1) Je devrais dire du quart *de la circonférence terrestre;* mais le mot circonférence n'est pas encore connu des élèves.

Sans cette décomposition, les élèves n'apprécieront jamais les millimètres.

Exemples de décomposition à faire sur le tableau :

Millimètres.		Décimètres.	Centimètres.	Millimètres.
243	0m 243, décomposition	2	4	3
527	0m 527, décomposition	5	2	7
632	0m 632, décomposition	6	3	2
854	0m 854, décomposition	8	5	4

Les expressions 243 millimètres 24cm 3, 2dm 43, 0m 243; 527 millimètres 52cm 7, 5dm 27, 0m 527, sont les mêmes, sous des formes différentes.

9. *Tracer un angle droit,* fig. 5. — L'élève trace d'abord une horizontale, et abaisse une verticale sur l'une des extrémités.

Il n'est pas nécessaire pour que l'angle soit droit qu'un des côtés soit vertical et l'autre horizontal : l'angle est droit lorsqu'un des côtés est perpendiculaire sur l'autre. Nous avons choisi le cas représenté par la fig. 5 comme le plus simple.

Vérification de l'angle droit. — On applique une équerre à la rencontre des deux droites: si ces droites suivent parfaitement les côtés de l'équerre, l'angle est bien tracé, autrement il faudra le rectifier.

10. « Tout angle plus petit qu'un droit est un angle « aigu. »

Tracer un angle aigu, fig. 6. — La seule attention de l'élève doit être de tirer des lignes bien droites; quant à l'inclinaison, il est libre de la faire plus ou moins grande.

Vérification de l'angle aigu. — Le moniteur constatera, au moyen de la règle, que les lignes sont bien droites.

11. « Tout angle plus grand qu'un droit est un angle « obtus. »

Tracer un angle obtus, fig. 7. — L'observation faite sur l'angle aigu s'applique à l'angle obtus: on peut donner aux côtés l'écartement que l'on veut, pourvu que l'angle soit plus grand qu'un droit.

Vérification de l'angle obtus. — On vérifiera à l'équerre si l'angle est plus grand qu'un droit, et si les côtés sont des droites régulières.

Au sujet des angles aigus et obtus, le maître fera remarquer à ses élèves qu'il n'y a qu'une seule espèce d'angles droits, mais qu'il y a une multitude infinie d'angles aigus et obtus.

12. On pourra par anticipation, et pour leur rendre cette proposition évidente, leur dire qu'on est convenu de diviser l'angle droit en quatre-vingt-dix parties ou quatre-vingt-dix angles d'un *degré*; qu'ainsi on *entend* par angles de 15, de 16, de 18, etc., degrés, la réunion de 15, de 16, de 18, etc., angles d'un degré; que chaque degré est lui-même divisé en soixante parties appelées *minutes*, et la minute en soixante parties appelées *secondes*;

Que dans le système métrique l'angle droit a été divisé en cent parties nommées *grades*, ou en cent angles d'un grade; qu'ainsi on entend par angles de 15, de 20, de 30, etc., grades, la réunion de 15, de 20, de 30 angles d'un grade; que chaque grade est lui-même divisé en cent *minutes*, et la minute en cent *secondes*.

On pourra de suite leur faire réduire des divisions nouvelles en divisions anciennes, et des divisions anciennes en divisions nouvelles. Il suffit en effet pour réduire les degrés en grades de multiplier par dix, et de diviser par neuf; réciproquement, pour réduire les grades en degrés, on multiplie par neuf et on divise par dix.

Pour réduire les minutes anciennes en minutes métriques il faut se servir du rapport composé $100 \times 100 : 90 \times 60$, c'est-à-dire $10000 : 5400$, ou $100 : 54$. En conséquence on multiplie par 100 et on divise par 54. Réciproquement, pour réduire les minutes métriques en minutes anciennes, il suffit de multiplier par 54 et de diviser le produit par 100.

Pour réduire les secondes anciennes en secondes métriques, on se sert du rapport composé $100 \times 100 \times 100$

: 90 × 60 × 60 ou 1000000 : 324000, ou, en simplifiant, 1000 : 324. En conséquence il faut multipliter par 1000 et diviser par 324. Et réciproquement, pour réduire les secondes métriques en secondes anciennes, il faut multiplier par 324 et diviser par 1000.

TABLE

POUR CONVERTIR LES DEGRÉS, MINUTES ET SECONDES ANCIENNES, EN GRADES, MINUTES ET SECONDES MÉTRIQUES, ET RÉCIPROQUEMENT.

N°.	Degrés en grades.	Minutes anc. en grades.	Secondes anc. en grades.	Grades en degr.	Minutes métriques en degr.	Secondes métriques en degrés.
1.	1.111111	0.018518	0.000308	0.90	0.009	0.00009
2.	2.222222	0.037037	0.000617	1.80	0.018	0.00018
3.	3.333333	0.055555	0.000926	2.70	0.027	0.00027
4.	4.444444	0.074074	0.001234	3.60	0.036	0.00036
5.	5.555555	0.092592	0.001543	4.50	0.045	0.00045
6.	6.666666	0.111111	0.001852	5.40	0.054	0.00054
7.	7.777777	0.129629	0.002160	6.30	0.063	0.00063
8.	8.888888	0.148148	0.002469	7.20	0.072	0.00072
9.	9.999999	0.166666	0.002777	8.10	0.081	0.00081
10.	11.111111	0.185185	0.003086	9.00	0.090	0.00090

Exemples de reduction.

PREMIER EXEMPLE.

Soit 49 degrés 27' 43" à réduire en grades, minunutes et secondes métriques :

pour 40 degrés	44.44444
pour 9 degrés	9.999999
pour 20 minutes.	0.37037
pour 7 minutes	0.129629
pour 40 secondes	0.01234
pour 3 secondes	0.000926
	54.957704

D'où l'on voit que 49 degrés 27′ 43″ valent 54 grades 95′ 77″.

DEUXIÈME EXEMPLE.

Soit 37 grades 67′ 83″ à réduire en degrés, minutes et secondes.

pour 30 grades	27
pour 7 grades	6.3
pour 10 minutes	0.54
pour 7 minutes	0.063
pour 80 secondes	0.0072
pour 3 secondes	0.00027
	33.91047

Ce qui donne 33 degrés et une fraction décimale. Pour réduire la fraction décimale 0.91047 en minutes, il faut la multiplier par 60 et séparer cinq décimales au produit : les 54 entiers sont les minutes. Si on multiplie encore par 60 la fraction décimale restante 0.62820, en séparant cinq décimales au produit, les 37 entiers sont les secondes.

Mais comme les décimales suivantes sont 692, il faut forcer l'unité en mettant 38 au lieu de 37, ce qui donne pour dernier résultat : 33 degrés 54′ 38″.

Pour vérifier l'opération, il suffit de réduire, dans le premier exemple, 54 grades, 95′ 77″ en degrés, minutes et secondes, et l'on trouvera 49 degrés 27′ 43″.

De même si l'on réduit 33 degrés 54′ 38″ du second exemple en grades, minutes et secondes métriques, on retrouvera 37 grades 67′ 85″.

13. Des lignes et des angles on passe aux *polygones*. Un polygone est une figure plane terminée par des droites. Le plus simple des polygones est le *triangle*.

« On appelle *triangle* l'espace renfermé par trois droi-
« tes qui se coupent deux à deux ; les droites s'appel-
« lent côtés. »

Tracer le triangle de la fig. 8.—Pour tracer un triangle il suffit de renfermer un espace entre trois droites quelconques qui se coupent deux à deux.

La somme des trois angles d'un triangle vaut deux angles droits, c'est-à-dire 180 degrés ou 200 grades. Il suit de là qu'un triangle ne peut avoir qu'un seul angle droit : car, s'il en avait deux, le troisième serait nul, ce qui est contraire à la définition du triangle. A plus forte raison il ne peut avoir qu'un seul angle obtus : car la somme de ces deux angles obtus serait plus grande que 180 degrés ou 200 grades.

Ainsi, ou les trois angles d'un triangle sont aigus ; ou un angle est droit et les deux autres sont aigus ; ou un angle est obtus et les deux autres sont aigus.

Le maître, avec des chiffres tracés sur le tableau noir, rendra cette proposition évidente aux yeux des élèves.

La fig. 8 offre un exemple du cas où les trois angles sont aigus. Pour copier cette figure l'élève tracera d'abord une horizontale, et ensuite construira à chaque extrémité un angle aigu semblable à celui du modèle : les côtés devront se couper en un point qui sera le sommet du triangle.

Vérification du triangle. — On examinera à la règle si les côtés sont des droites régulières. Il n'est pas nécessaire que le triangle du tableau noir soit égal à celui de l'Atlas ; il doit être beaucoup plus grand.

14. « On appelle *triangle équilatéral* celui dont les « trois côtés sont égaux. »

Tracer un triangle équilatéral, fig. 9. — L'élève tracera d'abord une horizontale, et élèvera sur le milieu de cette droite une verticale ; il cherchera sur cette verticale un point tel qu'en le joignant aux deux extrémités de l'horizontale les trois côtés soient égaux.

Vérification du triangle équilatéral. — On peut faire cette vérification par la mesure des côtés ou par celle des angles.

Mesure des côtés : On appliquera successivement le demi-mètre sur chacun des côtés ; on en prendra la longueur en décimètres, centimètres et millimètres : s'ils sont parfaitement égaux, le triangle est équilatéral.

Mesure des angles : Pour mesurer l'ouverture des angles, on a recours à l'arc de cercle d'un rayon déterminé, compris entre leurs côtés : cet arc de cercle, étant toujours proportionnel à l'écartement des côtés, peut servir à indiquer la grandeur d'un angle.

On mesure les arcs de cercle avec un instrument fort simple et fort utile, qui se nomme *rapporteur.*

Le maître montrera à ses élèves un rapporteur en cuivre ou en corne, et leur en expliquera l'usage.

On mesurera les angles au rapporteur dans le triangle équilatéral tracé sur le tableau noir : chacun d'eux doit être de 60 degrés ou de 66 grades 66′ 66″.

(Le signe ′ remplace le mot minute, et le signe ″ le mot seconde.)

Les deux vérifications sont utiles : elles exercent les moniteurs et les habituent à observer simultanément les rapports des côtés et des angles.

15. Le maître fera additionner les trois angles du triangle équilatéral. On trouvera

60 degrés	66 grades	66'	66"
60	66	66	66
60	66	66	66
180 degrés	199 grades,	99',	98"

En forçant le résultat métrique de deux secondes, on trouvera 200 grades, qui équivalent à 180 degrés ou deux droits.

16. « On appelle *triangle isocèle* le triangle dont deux « côtés sont égaux. »

Tracer un triangle isocèle, fig. 10. — L'élève tracera d'abord une horizontale ; il élèvera une verticale sur le milieu de cette droite qui sera la base du triangle ; prenant un point à volonté sur la verticale et le joignant aux deux extrémités de l'horizontale, le triangle isocèle sera construit.

Vérification du triangle isocèle. — *Mesure des côtés:* On vérifiera en décimètres, centimètres et millimètres, les deux côtés qui doivent être égaux.

Mesure des angles: Les angles opposés aux côtés égaux doivent être égaux ; on les mesurera au rapporteur.

17. « On appelle *triangle rectangle* celui qui a un an-« gle droit. »

Tracer le triangle rectangle, fig. 11. — L'élève tracera d'abord une horizontale; à l'une de ses extrémités il élèvera une verticale et joindra par une droite les extrémités de l'horizontale et de la verticale.

Telle est la construction la plus simple. On pourra exiger ensuite que l'angle droit soit opposé à la base, mais cette construction est beaucoup plus difficile quand on dessine à vue.

Vérification du triangle rectangle. — On vérifiera l'angle droit à l'équerre : s'il est exact, le triangle rectangle est bien tracé.

18. Ici il faudra recommencer les figures 8, 9, 10 et 11, avec des longueurs déterminées en décimètres, centimètres et millimètres. J'engage les maîtres à suivre exactement cette marche : elle seule peut conduire promptement les élèves à une grande exactitude de coup-d'œil.

19. « On appelle *quadrilatère* l'espace renfermé entre « quatre droites ou côtés qui se coupent deux à deux. »

Tracer un quadrilatère. — (On n'a pas donné de figure pour le quadrilatère, attendu qu'il est susceptible de recevoir une multitude de formes différentes, et que l'élève aura satisfait à la question en refermant un espace quelconque entre quatre droites qui se coupent deux à deux.)

L'élève tracera une droite; à ses extrémités il mènera des obliques d'une inclinaison quelconque, et les joindra par une droite qui fermera l'espace.

Vérification du quadrilatère. — La seule vérification consiste à examiner à la règle si les côtés sont des droites régulières, ce qu'il faut faire dans toutes les figures. Nous ne répéterons plus cette invitation.

20. « On appelle *carré* le quadrilatère dont les angles « sont droits et dont les côtés sont égaux. »

Tracer le carré, fig. 12. — L'élève tracera une horizontale; à chacune des extrémités, il élèvera une verticale d'une hauteur égale à la base, et joindra leurs extrémités supérieures par une droite.

Vérification du carré. — On mesurera les angles à l'équerre : ils doivent tous être droits. Les côtés doivent aussi être égaux ; on les mesurera au demi-mètre.

On pourra commencer par vérifier les côtés : s'ils sont égaux, il suffit de mesurer à l'équerre un seul angle ; s'il est parfaitement droit, les autres le sont nécessairement aussi, et la figure est un carré.

21. «On appelle *parallélogramme* le quadrilatère dont « les côtés opposés sont égaux deux à deux, les angles « n'étant pas droits.

« Dans cette figure, les côtés opposés sont parallèles.

« On nomme *parallèles* des droites qui, prolongées à « l'infini, sont partout à égale distance, et ne peuvent « jamais se rencontrer : on suppose les droites dans le « même plan. »

Le *plan* est une surface telle, que, si on prend deux points à volonté, et qu'on les joigne par une droite, la droite se trouve tout entière dans le plan. Une glace donne l'idée du plan. Si vous y appliquez une règle bien juste, la règle touchera la surface par tous ses points.

Tracer un parallélogramme, fig. 13. — L'élève tracera une horizontale pour base ; à ses extrémités il élèvera des obliques de même inclinaison et de même longueur, et joindra leurs extrémités supérieures par une droite.

Vérification du parallélogramme. — On mesurera au demi-mètre les côtés opposés ; s'ils sont égaux deux à deux, la figure est exacte.

On pourra mesurer aussi les angles à la base : si leur somme est égale à deux droits et qu'en même temps deux côtés opposés soient égaux, la figure sera un parallélogramme.

22. « On appelle *losange* le parallélogramme dont les « côtés sont égaux. »

Tracer une losange, fig. 14. — Même construction que la précédente, excepté que les quatre côtés doivent être égaux.

Vérification du losange. — On mesurera les côtés au demi-mètre : s'ils sont égaux, la figure sera un losange, pourvu que les angles ne soient pas droits.

23. « On appelle *rectangle* le quadrilatère dont les an- « gles sont droits et dont les côtés opposés sont égaux. « Si les quatre côtés étaient égaux, le rectangle devien- « drait un carré. »

Tracer un rectangle., fig. 15. — La construction est la même que pour le carré, excepté que les verticales ne doivent pas être de la même hauteur que la base.

Vérification du rectangle. —On mesurera les angles à l'équerre : ils doivent tous être droits. On mesurera ensuite au demi-mètre deux côtés opposés : s'ils sont égaux, les deux autres sont aussi égaux entre eux, et la figure est un rectangle.

24. On recommencera les figures 12, 13, 14 et 15, avec des longueurs déterminées en décimètres, centimètres et millimètres.

Arrivés à ce point, les élèves qui, sur la définition du maître, ont pu tracer sans modèle les 15 premières figures, surtout s'ils sont un peu avancés en âge et en intelligence, devront se borner dorénavant à copier les figures de l'Atlas, après l'explication préalable indiquée par les guillemets. Sans cette explication, les élèves, ne sachant ni ce qu'ils font, ni sur quels principes ont été dessinés les modèles qui sont sous les yeux, manqueraient toutes les figures et se dégoûteraient en peu de temps du dessin linéaire.

Les jeunes élèves au contraire ont copié les quinze premières figures sur le tableau.

25. « On appelle *polygones réguliers* les polygones « dont les angles sont égaux ainsi que les côtés. Les po- « lygones sont irréguliers quand ils ne remplissent pas « ces deux conditions. »

Il est extrêmement difficile de tracer des polygones réguliers quand ils ne sont pas enveloppés d'une circonférence ; cependant on a donné la forme régulière aux figures 16, 17 et 18. Les élèves chercheront le plus possible à les imiter, mais il n'est pas indispensable que le dessin soit parfaitement exact. On pourrait rebuter les enfants si l'on faisait recommencer ces trois figures jusqu'à ce qu'elles fussent irréprochables.

26. « On appelle *pentagone régulier* un polygone à « cinq côtés, dont les angles et les côtés sont égaux. »

Copier le pentagone régulier, fig. 16. — L'élève tracera une horizontale; aux extrémités il tirera des obliques égales à la base, et fermera le polygone, dans lequel le sommet de l'angle supérieur doit correspondre exactement au milieu du côté opposé. La difficulté consiste à trouver à l'œil la véritable inclinaison des obliques. On peut, pour faciliter la construction, élever au milieu de la base une verticale sur laquelle se trouvera le sommet de l'angle supérieur.

Vérification du pentagone. — On vérifiera les côtés au demi-mètre : ils doivent tous être égaux. Les angles seront vérifiés au rapporteur : ils devront être chacun de 108 degrés ou de 120 grades. Cette figure étant fort difficile à bien faire, les bons points, ou la récompense selon le mode d'enseignement, devront être doublés en cas de réussite.

27. « On appelle *hexagone régulier* un polygone à six « côtés, dont les angles et les côtés sont égaux. »

Copier l'hexagone régulier, fig. 17. — Un hexagone régulier peut être divisé en six triangles *équilatéraux*, comme on peut le voir sur la figure 17. On peut profiter de cette observation pour le dessin de cette figure.

Vérification de l'hexagone. — On vérifiera les côtés au demi-mètre : ils doivent tous être égaux. On vérifiera les angles au rapporteur : ils doivent être chacun de 120 degrés ou de 133 grades 33′ 33″.

28. « On appelle *octogone régulier* un polygone à huit « côtés, dont les angles et les côtés sont égaux. »

Copier l'octogone régulier, fig. 18. — L'élève tracera une verticale qu'il coupera en deux parties égales par une horizontale ; il divisera chaque angle droit en deux parties égales, et mesurera à l'œil huit distances égales sur les huit lignes qui viennent toutes aboutir au même point. Il ne restera plus qu'à unir par des droites les huits points indiqués : ces droites seront les huit côtés de l'octogone.

Vérification de l'octogone régulier. — On mesurera les côtés au demi-mètre : ils doivent être égaux. On vérifiera ensuite les angles : chacun d'eux doit avoir 135 degrés ou 150 grades.

Jusqu'à présent nous n'avons eu à nous occuper que des figures tracées sur une même surface ; il nous reste à dessiner quelques solides, c'est-à-dire des corps ayant les trois dimensions : *longueur, largeur* et *hauteur*.

29. « On appelle *pyramide* un corps terminé par « plusieurs plans qui aboutissent à un point nommé som- « met de la pyramide. La base peut être ou triangulai- « re, ou quadrangulaire, ou pentagonale, etc. : alors « la pyramide elle-même est dite *triangulaire*, ou *qua-* « *drangulaire*, ou *pentagonale*, etc. »

30. Les dix-huit premières figures sont des surfaces. Nous n'avons eu besoin pour les représenter que de droites également ombrées; pour dessiner des corps, il est nécessaire de recourir à un artifice qui remplace les ombres du dessin de la figure. Cet artifice consiste à marquer plus fortement certaines droites que d'autres. Les lignes plus fortement indiquées sont appelées *lignes ombrées:* elles ont pour but de donner un peu de saillie, un peu de relief aux corps représentés par le simple trait. Nous supposons le jour venant de gauche à droite, et éclairant les objets suivant une inclinaison de 45 degrés ou de 50 grades.

Copier la pyramide triangulaire, fig. 19. — L'élève tracera le triangle de la base; il marquera sur cette base un point où il élèvera une verticale: cette verticale est la hauteur de la pyramide, c'est la ligne BA dans la figure 19. Il n'y a plus ensuite qu'à joindre l'extrémité supérieure A de la verticale avec les trois angles du triangle, et la pyramide est dessinée. Ces lignes de jonction se nomment *arêtes.*

On observera quelles sont les lignes ombrées qui forment du relief dans la figure, et on les indiquera comme sur le modèle. On demandera aux élèves de quel côté vient le jour, et quelle partie de la figure il éclaire principalement. Cette remarque s'étend à tous les dessins qui représentent des corps.

Vérification de la pyramide triangulaire.—Voyez au moyen du fil à plomb si la verticale est bien tracée et si toutes les arêtes concourent au sommet.

31. « On appelle *cube* un corps terminé par six carrés « égaux. Un dé à jouer est un cube. »

Copier le cube, fig. 20. — La base du cube est un carré, ainsi que toutes les autres faces; mais comme on le voit obliquement, le carré prend la forme d'un parallélogramme.

Si nous eussions voulu mettre le carré en perspective (1) il aurait pris la forme d'un quadrilatère.

L'élève tracera le parallélogramme qui sert de base, et élèvera une verticale au sommet de chaque angle: les

(1) La perspective est l'art de représenter les objets comme ils s'offrent à nos yeux ; c'est une étude complétement distincte du dessin linéaire, et que nous croyons au-dessus de la portée des jeunes enfants.

Nous avons adopté pour nos dessins géométriques la *perspective cavalière*, qui n'offre aucune difficulté pour l'exécution.

verticales doivent être égales. On réunira les extrémités par des droites.

Vérification du cube. — On vérifiera si la face extérieure est un carré parfait ; il ne restera plus qu'à voir si le parallélogramme supérieur est égal au parallélogramme inférieur. Ces deux vérifications sont déjà connues par les figures précédentes.

32. « Un *prisme* est un corps dont les bases supé-« rieure et inférieure sont des polygones égaux et pa-« rallèles, et dont les faces latérales sont des parallélo-« grammes. On appelle *prisme triangulaire droit* un « corps formé de deux triangles opposés et égaux, dont « les sommets sont réunis par des perpendiculaires à la « base. »

Copier le prisme triangulaire droit de la fig. 21. — L'élève tracera un triangle, à chaque angle il élèvera une verticale : les trois verticales doivent être de même hauteur. Il ne s'agira plus que d'unir les extrémités par des droites, et le prisme sera construit.

Vérification du prisme triangulaire droit. — On examinera à l'équerre si les verticales sont exactes, et l'on vérifiera les triangles opposés, qui doivent être égaux.

33. « On appelle *prisme triangulaire oblique* un pris-«me triangulaire dont les arêtes sont obliques à la base.»

Copier un prisme triangulaire oblique, fig. 22. — L'élève tracera le triangle de la base, et mènera à chaque sommet du triangle des obliques d'une égale inclinaison : ces trois obliques doivent être aussi d'égale longueur. Si on réunit leurs extrémités par des droites, le prisme sera construit.

Vérification du prisme triangulaire oblique. — On s'assurera si les deux triangles opposés sont égaux. Il est important, dans cette figure et dans toutes celles qui représentent des corps, que les lignes qui aboutissent à un même point y arrivent avec précision. Nous recommandons cette exactitude, qui seule donne de la grâce au dessin.

34. « On appelle *parallélipipède* un prisme dont les « bases sont des parallélogrammes. Le *parallélipipède* « est droit, si les arêtes sont perpendiculaires à la base ; « autrement il est dit *parallélipipède oblique.* »

Copier le parallélipipède droit de la fig. 23.—L'élève tracera le parallélogramme de la base, et à chacun des sommets des angles élèvera des verticales de même hauteur. Il joindra les extrémités par des droites, et la figure sera construite.

Vérification du parallélipipède droit. — On vérifiera à l'équerre les verticales, et on constatera l'égalité des parallélogrammes opposés.

Nous n'avons pas donné le parallélipipède oblique, qui n'est que la répétition de la figure 22. On peut en faire construire aux élèves ; le vérification en est la même que pour le prisme triangulaire oblique.

35. « On appelle *prisme à base pentagonale* le prisme «dont la base est un pentagone. »

Copier un prisme droit à base pentagonale, fig. 24. — L'élève tracera le pentagone de la base et élèvera au sommet de chaque angle des verticales de même hauteur; il formera le pentagone supérieur en joignant les extrémités des verticales, deux à deux.

Les élèves pourront s'exercer à construire le même prisme à arêtes obliques.

36. « On appelle *pyramide quadrangulaire* une py- « ramide dont la base est un quadrilatère. »

Copier la pyramide quadrangulaire, fig. 25. — J'ai placé les pyramides quadrangulaires et hexagonales à la suite des prismes, parce que j'ai toujours remarqué que les élèves avaient plus de difficulté à construire les pyramides. Il n'est pas aisé effectivement de faire concourir avec précision toutes les arêtes au sommet (1).

L'élève tracera la base et élèvera sur le milieu de cette

(1) J'ai préféré intervertir l'ordre apparent des figures, et suivre le plan méthodique que je me suis tracé.

base une verticale, représentant la hauteur; il joindra l'extrémité de cette verticale, qui est le sommet de la pyramide, avec les sommets des angles de la base, et la pyramide sera dessinée.

Vérification de la pyramide quadrangulaire. — On vérifie, au moyen du fil à plomb, l'exactitude de la verticale, et les côtés de la base, qui doivent être égaux, si, comme dans la figure 25, nous supposons que la base est un carré.

37. « On appelle *pyramide pentagonale* celle qui a pour « base un pentagone. »

Copier la pyramide pentagonale à base régulière, fig. 26. — L'élève tracera d'abord le pentagone de la base suivant le procédé de la fig. 16 ; il élèvera au milieu de la base du pentagone une verticale, et joindra l'extrémité de cette verticale, aux sommets des angles de la base : ces obliques seront les arêtes de la pyramide.

Vérification de la pyramide pentagonale. — On vérifiera la base comme dans la fig. 16, et on s'assurera, au moyen du fil à plomb, si la verticale est exacte.

38. « On appelle *pyramide hexagonale* celle dont la « base est un hexagone. »

Copier une pyramide hexagonale dont la base est un hexagone regulier, fig. 27. — L'élève tracera l'hexagone de la base, comme dans la fig. 17 : il élevera une verticale au milieu de la base, et indiquera les arêtes.

Vérification de la pyramide hexagonale —Après avoir vérifié l'hexagone, comme dans la fig. 17, on s'assurera, au moyen du fil à plomb, si la verticale est exacte.

Il faudra examiner si les arêtes coïncident parfaitement avec les sommets des angles. Cette précision est d'autant plus difficile à obtenir qu'il y a plus de côtés à la base.

CHAPITRE II.

Division des lignes et des figures.

39. Si les leçons précédentes ont été suivies régulièrement, si l'on n'a passé à une nouvelle figure qu'après avoir copié le mieux qu'il a été possible celle qui venait avant, les élèves ont déjà le coup-d'œil et la main exercés ; ils peuvent commencer la division des lignes et des figures.

Ces exercices sont fort utiles ; on fera bien de s'y arrêter quelque temps.

Mais comme ils ont peu d'attraits, et qu'il faut surtout éviter de dégoûter les enfants, je conseille, quand on sera parvenu au chap. III, de recommencer les fig. 28 et suivantes jusqu'à 38 inclusivement, en les entremêlant avec les figures du chapitre III.

40. « On divise une droite en quatre parties égales « en la divisant d'abord en deux parties égales; chacune « des moitiés est partagée ensuite en deux nouvelles par- « ties égales, qui sont les quarts de la ligne totale. »

Tracer une horizontale de 4 décimètres et la partager en quatre parties égales, fig. 28. — L'élève tracera l'horizontale, qui sera vérifiée avant la division; il la partagera en quatre parties d'après l'instruction ci-dessus.

Vérification de la fig. 28. — On vérifiera chaque division, qui doit être d'un décimètre. On demandera ensuite à l'élève combien un décimètre vaut de centimètres et de millimètres : il doit répondre que le décimètre équivaut à 10 centimètres ou 100 millimètres. Si on lui demande la valeur de l'horizontale en centimètres et millimètres, sa réponse doit être que la ligne totale équivaut à 40 centimètres ou 400 millimètres.

Tracer une verticale de 4 décimètres et la partager en quatre parties égales, fig. 29. — L'élève tracera la verticale, qui sera vérifiée comme dans le § 5, et il la divisera d'abord en deux parties égales, puis chaque moitié en deux autres parties égales.

Vérification de la fig. 29. — Chaque division, mesurée au demi-mètre, doit être d'un décimètre.

Cet exercice devra être répété sur des verticales de 8 décimètres, de 6 décimètres, etc. On s'assurera, au demimètre, si chaque quart est de deux décimètres dans le premier cas, de quinze centimètres dans le second. On verra bientôt que les élèves, sur des longueurs un peu grandes, se tromperont souvent. Ce ne sera pas tout-à-fait leur faute; il y a, dans cet exercice, une erreur d'optique dont voici l'explication.

41. « L'œil ne peut être de niveau avec tous les « points de la verticale : les parties qui se trouvent plus « haut et plus bas que l'œil se présentent en raccourci, « de telle sorte que les divisions du milieu se trouvent « plus petites que les divisions supérieures et inférieu- « res. » L'expérience confirme ce résultat : en divisant de la même manière deux verticales, l'une de 8 décimètres, l'autre de 8 centimètres, l'erreur sur la dernière est presque nulle, et sur la première souvent très sensible.

Le seul moyen à employer est de faire exhausser l'élève pour les divisions supérieures, et de le faire baisser pour les inférieures, de manière que le point de section soit constamment au niveau de son œil. Il est utile cependant de partager exactement une verticale d'une certaine étendue en un grand nombre de parties. Quand l'élève est prévenu, et qu'il connaît la cause de cette illusion, il peut l'éviter.

42. *Tracer une oblique de droite à gauche, longue de 4, de 6 ou de 8 decimètres, et la diviser en quatre* *parties égales*, fig. 30. — L'observation ci-dessus s'applique également aux obliques, surtout à celles qui se rapprochent de la verticale; la cause de l'erreur cesse quand les obliques ont une très grande inclinaison.

Vérification de la fig. 30. — On mesurera les divisions au demi-mètre : elles doivent être égales, et suivant que les obliques sont de 4, de 6 ou de 8 décimètres, elles seront de 1 décimètre ou 10 centimètres, de 15 centimètres, de 20 centimètres.

43. *Tracer une oblique de gauche à droite, longue de 4, de 6 ou de 8 décimètres, et la diviser en quatre parties égales*, fig. 31.—Même explication et même vérification que pour la figure précédente.

Ce n'est pas sans motif que je donne trois figures presque semblables. Pour surmonter les difficultés en général, changeons la forme, mais revenons souvent sur le même objet.

44. *Tracer un angle droit et le partager en deux et en quatre parties égales*, fig. 32. —L'élève dessine un angle droit, et le divise à l'œil en deux parties égales, en tirant une oblique à partir du sommet de l'angle; il opère de même dans chacune des deux sections, ce qui lui donne les quatre parties demandées.

Vérification de la fig. 32. — On vérifiera cette figure de deux manières :

Par les angles. Au moyen du rapporteur on devra trouver pour chaque quart de l'angle droit 22° 30′ ou 25 grades.

Par les côtés. A partir du sommet de l'angle on prendra sur l'horizontale, sur la verticale et sur l'oblique du milieu, trois distances égales en *a*, *b*, *c*: on vérifiera d'abord si *ca* égale *cb*; il ne restera plus qu'à constater que les distances *ca* et *cb* sont divisées en parties égales.

45. *Tracer un triangle équilatéral, et, du sommet, abaisser une perpendiculaire sur la base*, fig. 33. — L'élève tracera le triangle équilatéral selon le procédé de la fig. 9; il marquera le milieu de la base, et joindra ce point au sommet par une droite qui sera la perpendiculaire demandée.

Vérification de la fig. 33. — On vérifiera le triangle équilatéral comme dans la fig. 9, et on s'assurera à l'équerre si la ligne menée au milieu de la base est perpendiculaire.

46. ***Tracer un triangle rectangle dont l'angle droit soit opposé à la base, et de cet angle droit abaisser une perpendiculaire sur l'hypoténuse.*** (On appelle ***hypothénuse*** le côté opposé à l'angle droit), fig. 34. — L'élève tracera un triangle rectangle d'après le procédé indiqué par la fig. 11, et abaissera une verticale.

Vérification de la fig. 34. — On s'assurera à l'équerre si l'angle opposé à la base est droit, et si la ligne abaissée est perpendiculaire. Cette ligne est verticale, puisque nous supposons l'hypothénuse horizontal.

47. ***Tracer un carré et le diviser en quatre carrés égaux***, fig. 35. — L'élève divise en deux parties égales chacun des côtés, et réunit les points de division par des droites. Le carré total se trouve divisé en quatre carrés égaux.

Vérification de la fig. 35. — On s'assurera au demimètre si les divisions des côtés sont égales.

48. Il est utile de faire remarquer aux élèves qu'en divisant une droite en deux, en quatre, en huit, en seize parties, elle se trouvera réduite en fractions deux, quatre, huit et seize fois plus petites; qu'au contraire, en divisant les côtés d'un carré en deux, en quatre, en huit et en seize parties, que l'on joindra par des droites, le carré se trouve divisé en fractions quatre, seize, soixante-quatre et deux cent cinquante-six fois plus petites, ce qu'il ne faut pas manquer de confirmer par l'opération même, et de rendre ainsi palpable.

L'élève qui comprend le principe répondra bientôt que, si on divise les côtés d'un carré en douze, en vingt-quatre parties, en joignant les points de divisions par des droites, le carré se trouvera divisé en douze fois douze, en vingt-quatre fois vingt-quatre parties. Cet exercice lui donnera une première notion de la théorie des carrés et de l'extraction des racines.

49. *Dessiner le carré*, fig. 36, *et chercher le côté du carré deux fois plus petit.*

Cette opération est beaucoup plus compliquée que la précédente; je ne l'ai mise ici qu'à cause de son utilité dans la pratique. Souvent on a besoin, dans les arts, d'obtenir un carré d'une surface deux fois plus petite, et il est impossible d'en imaginer la construction si on ne connaît pas la géométrie.

L'élève tracera un carré suivant le procédé de la fig. 12; il mènera les obliques *ab, dc,* qui passeront par les sommets des angles opposés. Ces obliques se nomment *diagonales;* elle se coupent toutes au point *o,* et les droites *ao*, *do*, *bo*, *co*, qui sont égales, satisfont toutes à la question, c'est-à-dire que, si on prend l'une d'elles pour côté d'un carré, ce carré sera la moitié du premier.

Vérification de la fig. 36. — On vérifiera le carré comme dans la fig. 12, et l'on montrera avec le demi-mètre que les divisions *ao*, *bo*, *co* et *do,* sont toutes égales. On fera construire le carré demandé sur un des côtés *ao, bo,* etc.

50. *Tracer un carré et le doubler*, fig. 37. — L'élève construira un carré comme dans la figure précédente, et tirera une diagonale *ab*, fig. 37. Cette diagonale sera le côté du carré double demandé.

Vérification de la fig 37. — On vérifiera le carré comme dans la figure précédente, en examinant si la diagonale aboutit bien exactement aux sommets des angles opposés.

Cette figure est la contre-partie de la précédente; elle est également utile dans les arts. On fera construire le carré demandé à côté du carré donné.

51. *Tracer un cube et le diviser en huit cubes égaux*, fig. 38. — L'élève tracera un cube d'une dimension un

peu plus grande que dans la fig. 20, afin qu'on puisse bien distinguer les arêtes. Il divisera chaque arête en deux parties égales, et réunira les points de division par des droites : le cube se trouve divisé en huit cubes égaux.

Vérification de la fig. 38. — On vérifiera d'abord le cube comme dans la fig. 20, et on s'assurera au demi-mètre si les arêtes sont divisées exactement en deux parties égales.

Il est beaucoup moins facile pour le cube que pour le carré de rendre sensibles aux yeux des enfants les divisions partielles. Le seul moyen est de prendre une grosse pomme de terre que l'on taillera comme un dé à jouer ou cube; on divisera à l'encre chaque arête en deux parties égales, puis on opérera la séparation avec un couteau, et on obtiendra huit petits cubes égaux.

Si les élèves ont compris cette figure, on leur demandera en combien de parties un cube sera divisé si l'on divise chaque arête en quatre, en huit, en seize parties, et ils répondront : En quatre fois quatre fois quatre, ou soixante-quatre cubes; en huit fois huit fois huit, ou cinq cent douze cubes; en seize fois seize fois seize, ou quatre mille quatre-vingt-seize petits cubes.

52. La pratique des arts exige la connaissance des mesures carrées et cubiques. Ce calcul offre de grandes difficultés aux jeunes gens, et cependant l'expérience a montré qu'en suivant la marche indiquée ci-dessus, les élèves ne trouveront pas plus de peine à calculer les nombres carrés et cubiques que les nombres ordinaires. Pour faire comprendre la division des toises en pieds carrés et cubiques, il ne s'agit que de tracer une horizontale de six décimètres, et à côté un carré ayant aussi six décimètres sur chaque face. Au moyen du demi-mètre, on fera les divisions de l'horizontale et du carré: on trouvera pour l'horizontale six parties, et pour le carré trente-six. Un cube taillé dans une pomme de terre, et divisé sur chaque face en six parties, donnera deux cent seize petits cubes. Ce résultat, conforme au principe que nous avons développé

plus haut, conduit par analogie aux calculs suivants :

1 toise vaut 6 pieds, 1 toise carrée vaut 36 pieds carrés, 1 toise cube vaut 216 pieds cubes.
1 pied vaut 12 pouces, 1 pied carré vaut 144 pouces carrés, 1 pied cube vaut 1728 pouces cubes.
1 pouce vaut 12 lignes, 1 pouce carré vaut 144 lignes carrées, 1 pouce cube vaut 1728 lignes cubes.

La toise carrée vaut 5,184 pouces carrés. La toise cube vaut 373,248 pouces cubes.
La toise carrée vaut 746,496 lignes carrées. La toise cube vaut 644,972,544 lignes cubes.

Soit pour exemple 12,549 pouces carrés que l'on veut réduire en toises, pieds et pouces. En divisant 12,549 par 144, on a pour quotient 87 pieds 21 pouces; divisant 87 par 36, le quotient est 2 et le reste 15 : donc 12,549 pouces carrés se réduisent à 2^{tt} 15^{pp} 21^{pp}. On répète deux fois la dénomination, pour indiquer les carrés. tt signifient toises-toises ou toises carrées; pp, pieds-pieds ou pieds carrés, etc.

Si l'on avait le nombre 56,753,489 pouces cubiques à réduire en toises, pieds et pouces cubes, on diviserait 56,753,489 par 1728, et le quotient par 216; on obtiendrait pour dernier résultat 152^{ttt} 11^{ppp} 785^{ppp}. La dénomination se répète trois fois : ttt signifient toise-toise-toise ou toise cube, etc. En effet, une toise cube vaut 216 pieds cubes, c'est-à-dire 6 qui multiplie 6 qui multiplie 6.

Les conversions de toises et de pieds en pouces et en lignes n'offrent aucune difficulté réelle. Quelques jours d'exercice familiariseront les élèves avec le calcul des carrés et cubes.

Les figures 36, 37 et 38 peuvent être omises sans inconvénient pour les classes de jeunes élèves, mais elles seront très utiles aux enfants plus avancés, en leur suggérant quelques idées sur la différence des *lignes*, des *surfaces* et des *corps*, c'est-à-dire des figures à une, à deux et à trois dimensions.

CHAPITRE III.

Applications de la ligne droite.

53. « La fig. 30 *bis* représente des feuilles du par-« quet le plus en usage. Le parquet se fixe sur des *lam-« bourdes* dont l'épaisseur varie suivant la dimension des « pièces : cette épaisseur peut être de 15 lignes jusqu'à 2 « et 3 pouces.

« Ce parquet en chêne, d'un pouce d'épaisseur, posé « de niveau, cloué, compris la fourniture et la pose des « lambourdes (1) en chêne, de 15 lignes d'épaisseur, « coûte à Paris 62 fr. 56 c. la toise superficielle ou 16 fr. « 47 c. le mètre (2). »

Dessiner des feuilles de parquet, fig. 38 *bis*. — L'élève tracera d'abord un carré qu'il divisera en quatre carrés égaux par une verticale et une horizontale ; il formera son cadre, qui doit être simple autour et double dans l'intérieur, il dessinera les traverses.

Cette figure est fort difficile à exécuter, si l'on exige une régularité parfaite ; on peut donc se contenter d'un *à peu près*, surtout la première fois.

Vérification de la fig. 38 bis. — On vérifiera à l'équerre le carré total et les carrés partiels, et au demi-mètre les longueurs égales.

54. « Le point de Hongrie est un genre de parquet

(1) On appelle lambourdes les petites pièces de bois sur lesquelles on cloue le parquet. Quand les parquets sont placés au rez-de-chaussée, on remplit les intervalles des lambourdes avec du mâche-fer.

(2) Les prix que nous indiquerons dans le cours de cet ouvrage sont ceux des travaux des bâtiments de Paris.

« propre, solide, et moins cher que le précédent. En « chêne d'un pouce d'épaisseur, les frises d'égale largeur, « coupées à onglet, posées de niveau, ce parquet cloué « et ragréé (1), compris fournitures et pose des lambour- « des en bois de chêne, de 15 lignes, coûte 48 fr. 43 c. « la toise superficielle, ou 12 fr. 75 c. le mètre. »

Dessiner la fig. 39. — L'élève tracera un rectangle d'après le procédé de la fig. 15, et un cadre environnant.

Il divisera le côté du rectangle en six parties égales, en indiquant cinq points de divisions sur la base ; il élèvera une verticale à chaque point de division, puis il dessinera les obliques.

Vérification du point de Hongrie, fig. 39. — On vérifiera le rectangle à l'équerre, ainsi que toutes les verticales ; on mesusera les frises au demi-mètre : elles doivent être égales.

55. « Les compartiments en carrelage ajoutent à la ri- « chesse des appartements. On les emploie dans toutes les « pièces de décor, dans les galeries, dans les anticham- « bres et dans les salles à manger. Une observation im- « portante à ce sujet est de choisir des espèces de mar- « bre et de pierre d'une dureté à peu près semblable. « Sans cela, les carreaux s'usent inégalement, ce qui « oblige à des réparations coûteuses.

« La fig. 40 représente un compartiment de bandes « en pierre de liais et de petits carreaux en pierre noire « de Caen. »

Il est presque impossible de déterminer exactement la valeur de ce compartiment ; elle dépend de la qualité des pierres. Il coûte ordinairement de 45 à 55 fr. la toise superficielle, ou de 11 à 14 fr. le mètre.

Dessiner la fig. 40. — L'élève tracera un rectangle, et dans le rectangle un cadre qu'on nomme *plate-bande*,

(1) *Cloué* veut dire que l'ouvrier fournit les clous et les pose ; *ragréé* veut dire ajusté, repassé au rabot, en un mot bien terminé.

et qui s'appuie contre le mur. Il desinera les obliques, et terminera les petits carreaux, en observant qu'ils doivent se trouver compris sur des verticales à la base.

Vérification de la fig. 40. — On s'assurera à l'équerre si tous les angles du rectangle sont droits. Si les carreaux noirs sont également distants et placés sur les verticales à la base, les bandes sont nécessairement justes et la figure est exacte.

56. « Les chambres à coucher, les cabinets, sont souvent carrelés en carreaux de terre cuite, à six pans,
« et enduits d'une couleur jaune ou rouge.

« On place sur le plancher des lattes qui reçoivent
« l'aire en plâtre. Pour que le carreau soit bien posé de
« niveau, on répand sur l'aire des gravats de bâtimens
« passés au sas, et sur ces gravats on dresse et on scelle
« le carreau.

« Le carrelage en terre cuite coûte environ 12 fr. la
« toise superficielle, ou 3 fr. le mètre. »

Dessiner la fig. 41. — Cette figure servira d'examen aux élèves : ceux qui pourront la tracer régulièrement ont fait de grands progrès en dessin linéaire. Les difficultés qu'ils rencontreront dans le reste de l'ouvrage exigeront du goût, tandis que jusqu'à présent l'exactitude géométrique a suffi.

L'élève tracera son rectangle et élèvera des verticales pour ranger symétriquement les carreaux. Il peut, afin de rendre son travail plus facile, diviser le rectangle en petits carrés égaux et dessiner un carreau dans chaque petit carré.

Vérification de la fig. 41. — On s'assurera à l'équerre si le rectangle est exact, et si les carreaux sont tous sur les verticales, les carreaux doivent tous être de longueur et de hauteur égales.

57. « La fig. 42 représente une cheminée simple :

« *ab* est la tablette,

« *c* la traverse,

« *d*, *d*, les jambages,
« *e*, *e*, les socles.
« Les chambranles et les foyers doivent être doublés « en pierre ; leur hauteur sur tablettes est de 3 pieds et « quelques pouces.
« Les chambranles en marbre de Saint-Anne sans « foyer peuvent se compter à raison de 28 à 30 fr. ; s'ils « sont en marbre de Malplaquet, ils valent de 30 à 35 f. »
Dessiner la fig. 42. — Cette figure, composée entièrement de verticales et d'horizontales, est d'une exécution très facile.
Vérification de la fig. 42. — On s'assurera à l'équerre si les jambages sont bien verticaux, et au demi-mètre s'ils sont de même hauteur.
58. « La fig. 43 représente une porte d'appartement :
« *a*, *a*, *a*, sont les panneaux à petits cadres,
« *b*, *b*, sont les chambranles.
« Les portes en chêne de 15 lignes, à panneaux à ca- « dre, de huit lignes d'épaisseur, se comptent 54 fr. « 17 cent. la toise superficielle, 14 fr. 26 cent. le mètre.
« Les chambranles en chêne de 15 lignes d'épaisseur, « de 3 à 3 pouces et demi de largeur, se comptent à la « toise courante, laquelle se paie à raison de 2 fr. 50 c. « ou 1 fr. 80 cent. le mètre. »
Dessiner la fig. 43. — On élevera sur la base les verticales qui doivent déterminer les chambranles ; on divisisera ensuite les verticales en trois parties égales pour placer les panneaux à cadre (1).
Vérification de la fig. 43. — On s'assurera, au moyen du fil à plomb, de l'exactitude de toutes les verticales, et au demi-mètre, de l'égalité des panneaux et de leur équidistance (distance égale). Il faut que les moulures

(1) Dans les premières figures nous avons dû guider l'élève dans les moindres détails : maintenant il retrouve sous une autre forme les premières instructions géométriques, et nous ne devons plus que lui indiquer la marche à suivre.

des panneaux et des chambranles soient ombrées conformément aux règles convenues.

59. La fig. 44 représente une croisée ordinaire.

« Les croisées du premier étage, dans les belles mai-
« sons, ont quatre carreaux sur la hauteur; les étages
« supérieurs n'en ont que trois. Cette régle n'est pas gé-
« nérale, et dépend de la forme des bâtiments.

« Les croisées à deux vantaux, de 15 lignes d'épais-
« seur, dormants de 2 pouces et demi sur 2 pouces, avec
« jet d'eau (c'est une traverse au bas des fenêtres pour
« écarter l'eau), se comptent au pied courant, sans avoir
« égard à la largeur. Prix du pied courant de hauteur :
« 3 fr. 50 cent. ou 10 fr. 50 cent. le mètre courant.

« La ferrure d'une croisée ordinaire, y compris le
« dormant, 6 fiches à boutons, équerre de 7 pouces,
« espagnolette et accessoires, se compte de 20 à 25
« francs. »

Dessiner la fig. 44. — L'élève, après avoir élevé les verticales et tracé l'ensemble de la fenêtre, dessinera les moulures, en ayant soin d'espacer également les carreaux.

Vérification de la fig. 44. — On s'assurera de l'exactitude des verticales à l'équerre et de l'égalité des carreaux au demi-mètre.

Le pied de surface de verre commun de 20 à 36 pouces, posé et placé, avec fourniture de mastic, se compte 70 c. ou 14 sous.

60. Comble en charpente, fig. 45.

« Les combles sont une partie importante de la con-
« struction. Leur hauteur varie selon le climat. La pente
« doit être plus rapide dans le nord pour l'écoulement
« des eaux ; dans le midi, elle diminue sensiblement.
« En Italie et à Constantinople, la plupart des maisons
« sont terminées, dans leur partie supérieure, par des
« terrasses où l'on va respirer l'air frais du soir. »

On ne doit pas donner aux combles plus d'un tiers ni moins d'un sixième de l'élévation.

Si l'édifice est très large, ce qui obligerait à donner trop d'élévation au comble, on divise celui-ci en deux ou en trois combles, suivant la largeur.

« *a*, *a*, sont les arbalétriers;

« *b* est la faîtage;

« *c*, *c*, sont les entraits dans lesquels s'assemblent les « arbalétriers, pour prévenir les écartements;

« *d*, *d*, sont les aisselliers,

« *e*, *e*, les contre-fiches qui servent à roidir les arba- « létriers. »

Nous n'entrons pas dans des détails trop étendus : ils deviendraient inintelligibles pour les élèves.

Dessiner le comble en charpente, fig. 45. — Sur la base on élèvera une verticale; à l'extrémité de la verticale se trouvera le faîtage. On dessinera ensuite les arbalétriers et les autres parties du comble.

Vérification de la fig. 45. — Il est essentiel que le faîtage soit bien d'à-plomb sur la base et bien au milieu, ce qu'on vérifiera à l'équerre et au demi-mètre.

61. Comble en mansardes, fig. 46.

« Ces combles sont très employés à Paris, et dans « toutes les grandes villes où les logements sont à un « prix élevé, et les greniers moins nécessaires qu'à la « campagne.

« L'espace *a* est disposé en appartements dits *man-* « *sardes*.

« Ce comble est brisé dans son arbalétrier, et en « pente peu inclinée. »

Il est fort difficile d'indiquer les prix de la charpente, qui dépendent de ceux du bois.

Outre les combles en charpente, on en fait encore d'autres en menuiserie et en briques.

Les combles en menuiserie sont légers, ils ne chargent pas les bâtiments, et sont préférables dans beaucoup d'occasions à ceux en charpente.

Les combles en briques sont légers, et ne sont pas exposés à l'incendie. Il faut avoir la précaution de les relier, avec des pièces de fer, aux murs qui les soutiennent.

Dessiner la fig. 46. — On procédera comme dans la figure précédente; la vérification s'en fera d'après les mêmes principes.

62. Lambris de hauteur à petits cadres *a, a*, fig. 47.

« Dans les salons des maisons bien construites, on « revêt les murs de lambris, comme dans la fig. 47.

« Pour conserver le bois, qui doit être en chêne bien « sec, et afin d'éviter que ces grandes parties ne tra- « vaillent, on le peint du côté du mur avec une couleur « commune à l'huile, et, du côté de l'intérieur, avec « une couleur grise, à l'huile ou à la détrempe.

« L'avantage de la couleur à l'huile est qu'on peut « laver à grande eau le lambris, quand il est malpro- « pre, et même à l'eau seconde très étendue, quand le « blanc commence à jaunir.

« Dans les maisons fort riches, on préfère la détrem- « pe, que l'on renouvelle tous les ans ou tous les deux « ans, et qui est plus agréable à l'œil par son beau « blanc, surtout quand elle a été poncée et qu'elle a reçu « une couche de beau vernis.

« Les lambris à petits cadres, d'un pouce d'épaisseur, « bien conditionnés, se comptent à raison de 32 fr. la « toise superficielle, ou 8 fr. le mètre. »

Dessiner la fig. 47. — On tracera d'abord les verticales qui correspondent aux panneaux, ensuite l'horizontale qui indique le lambris d'appui ; le reste s'exécutera facilement.

Vérification de la fig. 47. — La vérification des cadres et de la figure se fera à l'équerre et au demi-mètre.

63. Carrelage de salle à manger, fig. 48.

« Ce carrelage se fait en carreaux octogones de mar- « bre, et le plus souvent de pierre de liais et en petits « carreaux de pierre noire.

« La toise superficielle en carreaux de liais de très « bonne qualité, de 10 à 12 pouces, et en petits car-

« reaux noirs, posée et bien confectionnée, se compte à « raison de 45f. la toise, ou à raison de 11 fr. le mètre. »

Dessiner la fig 48.— Après avoir tracé un carré, on élèvera des verticales, et on disposera les horizontales conformément au modèle : il ne restera plus qu'à tracer les petits carreaux.

Vérification de la fig. 48.—Si le carré est exact ainsi que les verticales, si les distances sont bien égales, ce qu'on vérifiera au demi-mètre, la figure sera bien dessinée. Les petits carreaux doivent être réguliers, au moins à l'œil.

64. *Treillage agreste*, fig. 49.

« On se sert de ce treillage pour entourer les gazons, « les bassins, et même par application le long des murs « des jardins.

« Quand on les emploie en application le long des « murs, on se sert de petites lattes de bois qui se dispo- « sent en mailles de 6 à 7 pouces, et se paient la toise « superficielle à raison de 2 fr. 75 c. ou 70 c. le mètre.

« Quand ils servent à entourer des gazons et des ver- « gers, on emploie un bois brut revêtu de son écorce, « mais souple, tel que le châtaignier: alors la toise cou- « rante se paie 7 fr. 50 c. ou 3 fr. 78 c. le mètre. »

Dessiner la fig. 49. — Le dessin et la vérification n'exigent pas de détails particuliers.

65. *Garde-fou*, fig. 50.

« Le garde-fou de la fig. 50 se place sur les ponts de « bois, ou sur les routes bordées de précipices et de « vallées. Les piliers de bois ne doivent pas être trop éloi- « gnés, si l'on veut que le garde-fou soit solide. »

Dessiner la fig. 50. — Les piliers sont surmontés de têtes carrées, qui servent d'ornement. On élèvera les verticales qui indiquent ces pilliers, avant de tracer le reste de la figure.

66. La figure 51 représente un guillochis.

« Cet ornement s'appelle guillochis à bâtons rompus

« ou grecques : il est employé dans la serrurerie riche « ou dans la peinture en décors. »

Dessiner les guillochis de la fig. 51. Le dessin et la vérification sont très simples et n'exigent pas d'observations particulières : on élevera des verticales, et dans chaque rectangle on dessinera le guillochis correspondant.

Vérification de la fig. 51. — La distance entre toutes les parties doit être égale : c'est la régularité qui fait le principal mérite de cet ornement.

On vérifiera les distances au demi-mètre.

Les guillochis sont de plusieurs espèces ; nous n'en indiquons qu'une seule : elle suffit pour donner l'idée de cet ornement.

II.—DE LA LIGNE COURBE,

ET PRINCIPALEMENT DU CERCLE.

CHAPITRE IV.

Eléments géométriques.

67. Comme les circonférences sont difficiles à tracer, j'ai dû, avant d'y arriver, faire dessiner aux élèves un grand nombre de figures, afin de les habituer à un peu de justesse dans le coup-d'œil. Les maîtres apprécieront ces motifs, quand ils voudront faire tracer aux enfants la figure 52. Les plus adroits ne réussiront pas de suite; mais, avec de la persévérance, ils arriveront assez promptement à décrire à la main une circonférence à peu près exacte.

68. « On appelle *circonférence* une ligne courbe dont « tous les points sont à égale distance d'un point inté- « rieur nommé *centre*. L'espace renfermé par la circon- « férence est le *cercle*. Toute droite qui passe par le « centre, et dont les extrémités aboutissent à la circon- « férence, s'appelle *diamètre;* si ces droites ne vont que « du centre à la circonférence, on les nomme *rayons*. « Dans la fig. 52, la courbe ACBDE est la circonférence; « AB, CD, sont des diamètres; OA, OC, OB, OD, OE, « sont des rayons. »

Dessiner une circonférence, fig. 52. — Pour ne pas décourager les élèves, ce qu'il faut éviter par tous les moyens imaginables, on leur permettra, les premières

4

fois, de tracer une horizontale et une verticale qui se coupent au centre O. Sur ces lignes ils prendront les quatre distances égales, OA, OC, OB et OD; il ne restera plus qu'à tracer les quatre courbes, AC, CB, BD et DA.

Vérification du cercle, fig. 52. — On se servira d'un compas de bois, dont une des pointes sera appliquée au centre O, tandis que l'autre s'écartera du point A pour tracer la courbe, et indiquera sur sa route les parties irrégulières de la circonférence. On peut remplacer le compas par une corde, qui peut tenir lieu de cet instrument. Un nœud coulant, à une des extrémités, contient le morceau de craie; l'autre extrémité, qui doit être immobile, se place au centre du cercle. On fait tourner la partie mobile : alors, ou la trace blanche qu'elle laisse sur le tableau noir se confond avec celle qui est déjà empreinte, et dans ce cas le cercle est régulier; ou elle s'en écarte, et on distingue de suite l'erreur.

Des moniteurs exercés tracent avec la corde une circonférence aussi régulière qu'avec le compas; cependant il faut dire que le grand compas de bois est bien préférable pour le tableau noir. Nous avons indiqué l'autre moyen pour les écoles communales qui ne peuvent pas se procurer d'instruments.

69. Pour tracer la fig. 52 sans le secours de l'horizontale et de la verticale, l'élève marque d'abord le centre, puis, prenant une distance OE, à volonté, au-dessous du centre et à gauche, il tracera à main levée la circonférence, avançant de E en A, en C, en B et en D, de manière à rejoindre le point de départ E; son attention doit porter constamment sur la distance OE, qu'il doit tâcher de maintenir la même dans toute l'étendue de la courbe. Ensuite l'élève efface toutes les parties de circonférence qui lui paraissent irrégulières, et les retrace à la craie.

70. Quand les circonférences tracées à volonté auront

une forme bien régulière, on augmentera la difficulté en déterminant la longueur du rayon en décimètres, centimètres et millimètres. Ainsi l'on dira à l'élève : Tracer une circonférence dont le rayon soit de 125 millimètres, ce qui est la même chose qu'un décimètre 2 centimètres et 5 millimètres.

Le tracé d'une circonférence réclame un exercice tout particulier de la main ; ce n'est qu'avec le temps qu'on parviendra à donner à la courbe son exactitude géométrique.

71. « Nous allons construire de nouveau quelques po-
« lygones réguliers avec le secours des circonférences :
« c'est le seul moyen de les dessiner très exactement. »

Diviser une circonférence en huit parties, et y tracer un octogone régulier, fig. 53. — L'élève tracera une circonférence, qui sera vérifiée et rectifiée, s'il y a lieu, au compas ou à la corde ; il tirera ensuite le diamètre horizontal CD et le diamètre vertical AB, ce qui divisera la circonférence en quatre parties égales; il ne restera plus qu'à partager les intervalles CA, AD, DB, BC, en deux parties égales, par les obliques OF, OH, OE et OG. On réunira les points C, F, A, H, etc., par des droites : ces droites sont les côtés de l'octogone régulier.

Vérification de l'octogone. — La vérification se fera, comme nous l'avons déjà indiqué fig. 18, à la règle ou au rapporteur.

72. ***Diviser une circonférence en trois parties égales, et y tracer un triangle équilatéral***, figure 54. — Quand la circonférence aura été tracée et vérifiée, on permettra à l'élève de tirer un diamètre horizontal et un diamètre vertical, BC et AD. Il divisera le rayon DO en deux parties égales, et mènera par le point de division une parallèle au diamètre BC : cette parallèle EF sera la base du triangle équilatéral, dont le sommet A se trouvera à l'extrémité du diamètre vertical.

Les traités de géométrie indiquent une autre marche

pour la construction du triangle équilatéral. On construit d'abord un hexagone régulier, et on obtient le triangle équilatéral en réunissant les sommets des angles de deux en deux : l'hexagone se trouve facilement, puisque chacun de ses côtés est égal au rayon. Nous n'avons pas dû suivre ce procédé dans un ouvrage de dessin linéaire, où l'on trace les figures sans instruments. On trouvera une construction directe chap. XIV.

73. *Diviser une circonférence en cinq parties égales, et y tracer un pentagone régulier*, fig. 55. — Pour réussir dans cette division de la circonférence, beaucoup plus difficile que les précédentes, on tracera le diamètre horizontal et le diamètre vertical. Du point A on mènera les obliques AB et AE à une certaine distance du diamètre horizontal CD ; on tracera ensuite FG de même longueur que AB et AE, et en joignant EF et GB on a le pentagone régulier.

Nous n'indiquons pas la distance DB en fractions de la circonférence : l'élève ne pourrait pas en saisir le rapport. Comment apprécierait-il 1/20 ?

Vérification de la figure 55. — Même vérification que pour la fig. 16.

74. Dans les fig. 53, 54 et 55, les polygones sont *inscrits* dans le cercle, et les cercles sont *circonscrits* aux polygones, ce qui veut dire, en langage ordinaire, que les polygones sont enveloppés par la circonférence, et que la circonférence enveloppe les polygones.

Les mots *cercle* et *circonférence*, que l'on confond souvent dans la pratique, ne sont pourtant pas équivalents : la circonférence est la ligne courbe dont tous les points sont à égale distance du centre, tandis que le cercle est l'espace enfermé par la circonférence.

Si les élèves réussissaient promptement, on pourrait augmenter la difficulté en ne leur permettant plus de tracer les diamètres horizontaux et verticaux.

Dans le cas contraire, on passerait immédiatement aux figures suivantes.

75. « On appelle *cercles tangents* deux ou plusieurs « cercles qui se touchent en un seul point, nommé *point* « *de contact.* »

Décrire deux cercles tangents, dont l'un ait un rayon deux fois plus grand que l'autre, fig. 56. — L'élève tracera une horizontale, qu'il divisera en trois parties. La première division déterminera le centre du grand cercle, et la seconde le point de contact; il ne s'agira plus que de diviser la troisième partie en deux, pour avoir le centre du petit cercle. Les deux circonférences tracées des centres C et D rempliront les deux conditions prescrites: 1° elles sont tangentes; 2° l'une a un rayon double de l'autre.

Vérification de la figure 56. — On s'assurera, au demi-mètre, si la distance CB est bien double de celle BD; on rectifiera, à la corde, les deux circonférences, si elles ne sont pas exactes; on observera qu'elles ne doivent se toucher qu'en un seul point.

Cette construction fournira l'occasion d'apprendre aux élèves qu'un rayon ou un diamètre double donne un cercle quatre fois plus grand, et non pas deux fois plus grand, comme on serait tenté de le croire; qu'un diamètre triple, quadruple, donnera un cercle neuf fois, seize fois plus grand, etc., etc.; en un mot, que *les cercles sont entre eux comme les carrés des diamètres ou des rayons.*

76. « Un cercle est tangent à une droite quand il ne « touche cette droite qu'en un point. »

Sur une horizontale, décrire un cercle tangent à cette droite, et de deux décimètres de rayon, fig. 57. — L'élève prendra un point à volonté sur l'horizontale; il y élèvera une verticale de deux décimètres, dont l'extrémité B sera le centre du cercle demandé.

Vérification de la fig. 57. — On mesurera au demi-mètre la verticale : elle doit avoir deux décimètres de hauteur. On vérifiera au compas ou à la corde la circonférence, qui ne doit toucher l'horizontale qu'au point A.

77. « On appelle cercles concentriques des cercles « qui ont tous le même centre. »

Tracer trois cercles concentriques éloignés l'un de l'autre d'un décimètre, et dont le plus grand ait trois décimètres de rayon, fig. 58. — Puisque le plus grand cercle doit avoir trois décimètres de rayon, il aura six décimètres de diamètre; l'élève tracera une horizontale de six décimètres, et il indiquera les six divisions. Le point O est le centre général; les rayons OC, OE et OA, sont les rayons des trois cercles concentriques qui satisfont aux conditions proposées.

Vérification de la fig. 58. — On s'assurera, au demi-mètre, si les distances sont égales, et toutes d'un décimètre; et au compas, si les circonférences sont régulières.

78. « Toute circonférence, grande ou petite, se divi-« se en 360 degrés, ou en 400 grades : elle répond effec-« tivement à 4 angles droits, comme on peut s'en con-« vaincre par la seule inspection de la fig. 59. Chaque « quart de circonférence ou angle droit se divise con-« séquemment en 90 degrés ou 100 grades. Cette division « suffit dans la pratique. Dans l'horlogerie, où on exige « une grande précision, on divise chaque degré en 60′ « anciennes ou 100′ métriques.

« On appelle arc de cercle une partie de la circonfé-« rence : ainsi AB, AC, CB, sont des arcs de cercle, « fig. 59. »

79. *Tracer dans un cercle un arc de 45 degrés, ou 50 grades,* fig. 59. » — L'élève tracera un cercle, et le divisera en quatre parties par une horizontale et une verticale. Il déterminera le milieu C du quart de circonférence AB, et il aura deux arcs, AC et CB, qui satisfont également à la condition requise : en effet, l'arc AB, étant un quart de circonference, vaut 90 degrés ou 100 grades, dont la moitié est 45 degrés ou 50 grades.

Vérification de la fig. 59. — On mènera le rayon CO,

et, appliquant au point O le centre du rapporteur, on verra si l'angle COB est réellement de 45 degrés ou 50 grades.

On fera déterminer ensuite, sur une circonférence donnée, des arcs de 20, 30, 40, 25, 35, 45 degrés ou grades. On les vérifiera avec le rapporteur, placé au centre comme ci-dessus.

80. ***Etant donné un arc de cercle AB, en déterminer le centre, et tracer le cercle auquel il appartient***, fig. 60. — Cet exercice demande de l'habitude ; il est difficile, mais aussi il donne du coup-d'œil et de l'attention aux élèves.

Vérification de la fig. 60. — On placera le compas sur le centre indiqué par l'élève, et l'on verra av[illegible] le compas de bois, ou avec la corde, si l'arc de cer[illegible] correspond réellement. Pour trouver le centre véritab[illegible] et décrire le cercle entier, on peut recourir au tâtonnement, ou au procédé géométrique que nous donnerons chap. XIV.

81. « (1) Soient A et B (fig. 61) deux points fixes aux-
« quels on attachera les deux bouts d'un fil ACB, flexible,
« mais inextensible et plus long que l'intervalle AB. Si on
« tend ce fil à l'aide d'une pointe très fine C, ses deux
« parties formeront à volonté soit le triangle ACB, dans le-
« quel AC et CB sont égaux, soit des triangles AHB, AEB,
« etc., dans lesquels les côtés AH, HB, AE, EB, etc.,
« au contraire, seront de plus en plus inégaux, à me-
« sure que la pointe se rapprochera de L ou de M.

« Si l'on passe de la droite à la gauche de la ligne AB,
« la pointe C en se déplaçant fera naître une série de trian-
« gles, respectivement semblables aux premiers. Dans
« les uns comme dans les autres, la somme des distan-
« ces du sommet de chaque triangle aux deux points

(1) Les notions sur l'ellipse étant assez compliquées, nous avons substitué à notre premier travail ce nouveau § 81, que nous avons emprunté à M. Arago, et qui nous a paru d'une clarté et d'une simplicité remarquables. C'est un extrait de la note scientifique sur les comètes, insérée dans l'*Annuaire du Bureau des longitudes de* 1832.

« fixes A et B sera toujours la même, car cette som-
« me forme la longueur totale du fil.

« Parmi toutes les positions que la pointe peut pren-
« dre, il en est deux qui méritent une mention spéciale:
« je veux parler des cas où les triangles formés par la
« base AB et les deux portions tendues du fil deviennent
« de véritables lignes droites, c'est-à-dire dans deux
« cas où, dans son mouvement, la pointe vient se pla-
« cer soit en L, soit en M, sur le prolongement de la li-
« gne AB. Supposons premièrement le point en L. Le
« fil s'étendra d'abord de B en L; là il contournera la
« pointe pour descendre dans la même direction de L
« en A. Ainsi entre A et L il y a deux portions de fil
« confondues, reployées l'une sur l'autre : donc la dis-
« tance B L est égale à la longueur totale du fil,
« diminuée de la portion employée, c'est-à-dire de la
« quantité AL. Quand la pointe se trouve en M, les
« circonstances seront toutes semblables. De A en M la
« distance sera de même égale à la longueur du fil di-
« minuée de MB; mais MB ne peut être différente de AL,
« puisque tout doit être semblable de haut en bas. Donc
« si à la distance BL, qui était moindre que la longueur
« totale du fil, de la seule quantité AL, nous ajoutons
« soit AL, soit son égal BM, nous aurons comblé la dif-
« férence : ainsi AL ajouté à BL, c'est-à-dire ML, ou
« bien encore la distance des positions extrêmes de la
« pointe située sur la ligne AB, est égale à la longueur
« totale du fil.

« Les géomètres appellent la courbe que la pointe C
« engendre dans son mouvement une *ellipse ;* les artis-
« tes la désignent vulgairement sous le nom d'*ovale*. Ils
« le tracent habituellement avec un fil, et suivent le
« procédé que je viens de décrire. Cette courbe est al-
« longée dans la direction de la droite qui joint les points
« A et B.

« Les points A et B se nomment les *foyers* de l'ellipse;
« la ligne LM est le *grand axe*.

« Les points M et L, où le grand axe rencontre la cour-
« be, se nomment les *sommets*.

« Les intervalles AL et BM compris entre les foyers et « les sommets s'appellent les *distances focales*.

« Si ces explications sont bien comprises, on voit que « l'ellipse est un cercle aplati sur un sens, et qu'il y a un « nombre infini d'ellipses, suivant l'inégalité plus ou « moins grande des axes. Si l'on suppose un instant l'é- « galité des axes, l'ellipse se transforme en cercle. »

Dessiner l'ellipse, fig. 61. — Pour dessiner cette courbe, qui est d'un grand usage dans les arts, l'élève tracera les deux axes CD, LM; commençant du point L et allant de L en H, et de H en C, il imitera fidèlement son modèle : la portion de l'ellipse au-dessous de LM doit être en tout égale à la portion qui est au-dessus.

Vérification de la fig. 61 — On prendra le demi-mètre; on y marquera à la craie les deux longueurs CO et LO, à partir de la même extrémité ; on appliquera le demi-mètre sur la figure, de telle sorte que la marque de craie la plus éloignée soit sur le plus petit axe, la plus rapprochée étant sur le plus grand. Dans cette position, l'extrémité du demi-mètre doit être nécessairement sur la courbe. Il faudra varier la position des deux marques de craie, qui doivent coïncider simultanément avec les deux axes.

On aura de cette manière autant de points de vérification qu'on aura varié de fois la position du demi-mètre. Si l'extrémité du demi-mètre est toujours confondue avec la courbe, l'ellipse est bien tracée; autrement on rectifiera les erreurs. On doit éviter avec soin les jarrets (on appelle ainsi les endroits où la courbe plie et cesse d'être régulière).

Nous indiquerons au chap. XIV deux constructions géométriques de l'ellipse.

On donnera des axes variés de longueur et déterminés en décimètres, centimètres et millimètres, de manière que les élèves, en s'exerçant à cette construction difficile, se forment le goût et jugent d'eux-mêmes la proportion qui doit exister entre le grand et le petit axe pour que l'ellipse ait toute la grâce désirable. En effet, si les deux axes sont presque égaux, l'ellipse ressemble à un cercle manqué ; si, au contraire, il y a trop d'inégalité entre les axes, l'ellipse est trop allongée et elle est dépourvue de grâce.

82. « On appelle *cône* un corps produit par la révo-
« lution d'un triangle rectangle autour d'un des côtés de
« l'angle droit qui reste immobile. L'hypothénuse du
« triangle rectangle décrit la surface du cône. Un pain
« de sucre donne l'idée d'un cône. »

Dessiner le cône, fig. 62. — L'élève trace une ellipse qui représente la *base du cône ;* au point O, intersection des deux axes, il élève une verticale, qui est la *hauteur du cône ;* son extrémité A est le *sommet du cône.* Il joint le point A aux points B et C, et le cône est dessiné.

Vérification du cône. — On vérifiera l'ellipse comme ci-dessus, et on s'assurera à l'équerre si la verticale est bien d'à-plomb sur la base.

83. « On appelle *cône tronqué* un cône dont on a re-
« tranché la partie supérieure, comme dans la fig. 63. »

L'élève dessinera un cône entier comme dans la figure précédente, et coupera la partie supérieure par une ellipse parallèle à la base.

84. « On appelle *cylindre* un corps produit par la ré-
« volution d'un rectangle autour d'un des côtés qui reste
« immobile ; le côté opposé décrit la surface du cylin-
« dre. Les conduits d'eau et les tuyaux de poêle sont des
« cylindres. »

Dessiner un cylindre droit, fig. 64. — L'élève tracera une ellipse, qui sera la base inférieure du cylindre ; au point d'intersection des deux axes, ainsi qu'aux deux extrémités du grand axe, il élèvera des verticales ; il terminera la partie supérieure de la figure par une ellipse égale à la première.

Vérification du cylindre droit. — Si les deux ellipses sont égales, et si les verticales sont régulières, la figure est un cylindre droit : on s'assurera par les procédés déjà connus si ces deux conditions sont remplies.

85. *Dessiner le cylindre oblique,* fig. 65. — Dans la figure précédente les côtés étaient perpendiculaires sur la base; ici, au contraire, ils sont obliques. On construira, comme dans la fig. 64, l'ellipse de la base, et, au lieu d'élever des verticales, on mènera des obliques de gauche à droite également espacées ; la partie supérieure sera terminée également par une ellipse égale et parallèle à l'ellipse de la base.

La vérification se fera comme dans la figure précédente, c'est-à-dire qu'on s'assurera si les deux ellipses sont égales et si les côtés du cylindre sont de même longueur.

86. *Dessiner la fig.* 66.—Entre deux points donnés, A et B, faire passer trois arcs de cercle et en faire trouver les centres.

L'élève tracera successivement trois arcs de cercles qui doivent couper les points A et B.

Vérification de la fig. 66. — Pour rendre la vérification plus facile, on saura que les centres doivent se trouver sur une même droite. On tirera donc une horizontale à distance égale de A et de B, et on cherchera par le tâtonnement la place de chaque centre. Avec une corde on trouve aisément les centres; il ne faut qu'un peu d'habitude. Il suffit de faire remarquer que, plus l'arc est concave, moins son centre est éloigné.

Cette figure d'ailleurs n'est qu'un exercice préliminaire pour dessiner une sphère.

87. « *La sphère* est un solide terminé par une surface « courbe, dont tous les points sont également distants « d'un point intérieur qu'on nomme centre. Une boule « parfaitement ronde est une sphère. La terre, sur la « surface de laquelle nous habitons, est une sphère, ou « plutôt un *sphéroïde* un peu aplati aux deux points qui

« restent immobiles dans son mouvement de rotation :
« on les appelle *pôles.*

« La terre tourne autour du soleil. Elle a deux mou-
« vements, un de rotation sur son axe, qui se fait en 24
« heures, et qui amène le retour successif des jours et
« des nuits; un second autour du soleil, qui s'opère en
« 365 jours 5h 48′ 51″, espace de temps qu'on appelle
« *année.* C'est à ce dernier mouvement que sont dus les
« changements de saisons.

« Les grands cercles de la sphère sont ceux qui pas-
« sent par le centre; les petits cercles sont ceux qui n'y
« passent pas (1).

« Les cercles grands et petits que l'on trace sur la sur-
« face d'une sphère fournissent les moyens de trouver la
« position exacte des lieux sur la terre.

« Le nombre des cercles est indéterminé : on peut se-
« lon la grandeur de la sphère en tracer un nombre plus
« ou moins grand. Nous en avons indiqué quelques uns
« sans avoir eu l'intention d'adopter une des projections
« employées habituellement dans la construction des
« cartes nommées *mappemondes.*

« Sur les mappemondes les méridiens sont tracés de
« 15 degrés en 15 degrés, et souvent de 10 en 10.

« Les petits cercles sont appelés *parallèles*, parce que,
« dans les globes de carton, ils sont effectivement parallè-
« les à l'équateur. Mais sur les mappemondes ils prennent
« une forme courbe qui les rapproche et les éloigne iné-
« galement de l'équateur.

« Les grands cercles de la fig. 68 sont des *méridiens*,
« ainsi nommés parce qu'il est midi pour les lieux qui
« se trouvent sous l'un de ces méridiens, quand le so-
« leil arrive dans le plan de ce cercle. »

(1) Il aurait été naturel d'expliquer ici la latitude et la longitude sur les fig. 67 et 68, mais nous avons pensé que ce serait trop nous éloigner de notre sujet ; les maîtres peuvent suppléer à notre silence s'ils le jugent convenable. Ils peuvent consulter la *Géographie enseignée par le dessin.*

Dessiner la fig. 67, qui représente une sphère avec ses petits cercles ou parallèles. — L'élève, après avoir dessiné la circonférence, qui sera rectifiée de suite, tracera l'horizontale CD, qui, dans la fig. 67, représente l'*équateur* terrestre. L'équateur est un grand cercle à égale distance des pôles. Ce cercle est représenté sur les fig. 67 et 69 par une ligne droite : telle est la projection de l'équateur, comme il est facile de s'en convaincre en regardant une sphère en carton dans la position de la fig. 69, pourvu que l'œil du spectateur soit dans le plan de ce cercle.

L'élève dessinera ensuite successivement tous les autres arcs qui représentent les parallèles.

Vérification de la fig. 67.— On s'assurera si l'horizontale est régulier. Pour vérifier les arcs, on fera bien de tracer une verticale qui passe aussi par le centre de la sphère, et sur laquelle devront se trouver les centres des cercles auxquels appartiennent les différents arcs. La corde, comme nous l'avons dit ci-dessus, convient beaucoup plus dans la vérification de cette figure que le compas, qui ne serait pas assez grand pour tracer les arcs le plus rapprochés de l'horizontale.

88. *Dessiner la fig.* 68. — C'est une sphère avec de grands cercles ou méridiens. L'élève dessinera une circonférence qui sera vérifiée et rectifiée avant d'aller plus loin ; il tracera ensuite la verticale AB, et successivement tous les arcs qui se trouvent à droite et à gauche de la verticale, et qui sont égaux deux à deux.

Vérification de la fig. 68. — On tirera une horizontale indéterminée passant par le centre de la sphère : c'est sur cette droite que se trouvent les centres des différents arcs. Quand on a trouvé celui du premier arc à gauche, on connaît celui du premier arc à droite ; il ne s'agit que de mesurer la distance de ce centre à la verticale, et de prendre cette même distance dans le sens opposé. On n'a donc effectivement que quatre centres à chercher.

89. *Dessiner une sphère*, fig. 69. — On voit que cette figure n'est que la réunion des deux précédentes : il ne s'agit donc que de copier la fig. 67, et de tracer ensuite les méridiens de la fig. 68. La vérification sera absolument la même que ci-dessus. Nous n'avons pas cru devoir donner de plus grands détails sur la sphère dans un ouvrage uniquement consacré au dessin.

Les quatre figures suivantes ne sont que de simples traits, quoiqu'elles se rapportent à l'ornement, dont nous nous occuperons spécialement dans le chapitre VIII. Elles sont d'une exécution très facile, et ont l'avantage d'exercer encore les élèves au tracé des circonférences ; d'ailleurs elles servent d'éléments à des figures d'ornements que nous verrons plus tard.

90. *Dessiner la fig.* 70.

Cette figure représente le profil d'une *ogive* de croisée.

Les ogives de voûte sont les arceaux qui passent au dedans d'une voûte, d'un arc à l'autre; l'écartement des côtés est beaucoup plus considérable alors que dans la fig. 70. On en voit dans presque toutes les églises.

Les *arceaux* sont les arcs des voûtes. On appelle encore arceaux des ornemens de sculpture dont le contour est en forme de trèfles.

L'ogive appartient à ce qu'on nomme le genre gothique, architecture des Goths, anciens peuples du Nord qui habitèrent long-temps l'Italie.

La mode, qui ne reconnaît d'autre loi que ses caprices, après avoir introduit en France, depuis trente-cinq ans environ, le style grec et ses formes sévères, dans la construction des temples, des palais et des bâtiments, et jusque dans la forme des meubles, des parures et des ajustements, semble aujourd'hui remettre en faveur le style gothique, modifié par les *mauresques* et les *arabesques*, ornements introduits, pendant le séjour des Maures et des Arabes en Espagne, dans la belle province de Grenade.

Les mauresques et les arabesques représentent des

feuillages et d'autres ornements de pure imagination, qui ne sont pas copiés sur la nature.

Nous ne voulons pas déclarer la guerre aux arabesques; nous reconnaissons au contraire, dans ce genre d'ornements, une légèreté et une délicatesse qui ont beaucoup de charmes : ce que nous blâmons, c'est l'abus qu'on en fait depuis quelques années.

Cette tendance à l'extraordinaire, au bizarre, qui se fait remarquer dans le dessin comme dans les autres arts, cette fougue d'imaginations capricieuses et fantasques, n'obtiendront pas un succès durable, et l'on reviendra naturellement aux belles formes de l'antique. Dans un ouvrage consacré à la jeunesse, nous nous sommes fait un devoir de former son goût, en ne lui offrant que des modèles susceptibles de développer en elle l'amour du beau.

Vérification de la fig. 70. — On cherchera le centre des deux arcs de cercle qui doivent être décrits du même rayon.

91. *Dessiner la fig.* 71.

Cette figure est une rosace géométrique ornée de six feuilles régulières.

L'élève divisera la circonférence en six parties égales par le procédé de la fig. 54; ou bien il portera, par la pensée, six fois le rayon sur la circonférence : c'est une mesure exacte, comme nous l'avons déjà remarqué. Il ne s'agira plus que de tracer les arcs de cercle, en faisant observer que le centre des arcs se trouve aux six divisions de la circonférence.

Vérification de la fig. 71. — Quand le cercle sera vérifié, on portera le rayon six fois sur la circonférence, ce qui ramènera au point de départ; ensuite, prenant pour centre chacune des six divisions de la circonférence, avec le rayon du cercle on tracera des arcs qui doivent coïncider avec ceux qui ont été dessinés par l'élève. Si cette coïncidence a lieu, la figure est irréprochable; dans le cas contraire, on rectifiera les courbes.

92. ***Dessiner la fig.*** 72.

C'est une rosace géométrique à feuilles superposées.

Après avoir fait la construction précédente, l'élève divisera également l'espace entre les six feuilles, et tracera les six nouvelles feuilles, qui ne paraissent qu'à moitié, le reste étant supposé couvert par les premières.

Vérification de la fig. 72. — Même moyen de vérification que dans les figures précédentes, pour les six feuilles complétement apparentes. On s'assurera si l'espace entre les six feuilles est bien divisé en deux parties égales, et de chacune de ces nouvelles sections, avec un rayon égal à celui du cercle, on tracera des arcs jusqu'à la rencontre des premiers; si la coïncidence n'existe pas, on rectifiera les courbes irrégulières.

93. ***Dessiner la fig.*** 73.

C'est une rosace géométrique à quatre larges feuilles tronquées.

Pour faciliter la construction de cette figure, l'élève tracera une verticale et une horizontale, qu'il fera disparaître ensuite, quand le dessin sera terminé. Il tracera les arcs de cercle, et les unira deux à deux par de petites courbes, comme on le voit dans le modèle.

Vérification de la fig. 73. — En se plaçant successivement aux extrémités de l'horizontale et de la verticale comme centre, et avec le rayon du cercle, on vérifiera l'exactitude des quatre arcs. On cherchera par le tâtonnement le centre d'une des petites courbes : on emploiera le même rayon pour les vérifier toutes quatre, car elles sont égales.

III. — COMBINAISON

DE LA LIGNE DROITE ET DE LA LIGNE COURBE.

CHAPITRE V.

Notions sur les machines.

94. Ce chapitre sera consacré au dessin de quelques machines simples. Sans vouloir entrer dans des détails que ne comporte pas notre sujet, nous croyons indispensable de donner quelques notions superficielles sur chacune des machines que nous ferons connaître.

« On appelle *machines* des instruments propres à « transmettre l'action des forces : on s'en sert ou pour « augmenter l'action dont une force est capable, ou pour « changer la direction de cette force, ou pour produire « d'autres effets.

« Il y a un nombre infini de *machines composées*, mais « toutes peuvent se rapporter à un petit nombre de *ma-* « *chines simples*.

« On compte ordinairement sept machines simples, « savoir : les *cordes*, les *leviers*, la *poulie*, le *plan in-* « *cliné*, le *treuil*, la *vis*, et le *coin*.

« Un auteur moderne a rapporté ingénieusement tou- « tes les machines au *point*, à la *ligne* et au *plan*, ce « qui réduit à trois les *machines simples*.

« Notre but n'étant pas de faire un cours de statique « ou de mécanique, nous ne parlerons que de certai- « nes machines usuelles.

« Le *levier*, considéré mathématiquement est une tige « droite ou courbe, ou droite dans une partie et courbe « dans l'autre, que l'on suppose inflexibe et sans pesan- « teur.

« Dans la réalité, c'est une tige de bois ou de fer qui « s'appuie sur un point fixe, nommé *point d'appui ;* « elle reçoit à un autre de ses points l'action d'une force « nommée *puissance*, pour vaincre une autre force « appelée *résistance*. »

La fig. 74 représente un levier de fer courbé à son extrémité *b*, qui est engagé sous un bloc de marbre, afin de le soulever. La pierre sur laquelle porte le levier lui sert de *point d'appui a*, le bloc de marbre est la *résistance d*, les bras d'un homme appliqués à l'extrémité supérieure du levier sont la *puissance c*.

« Plus la distance du point d'appui à la puissance est « grande, et plus le levier produit d'action : c'est un fait « que chacun a pu vérifier bien des fois dans le cours « habituel de la vie. »

« En général, *la puissance multipliée par sa distance « au point d'appui égale la résistance multipliée par sa « distance au même point d'appui.* »

95. *Dessiner la fig.* 74.

Cette figure est tellement simple qu'elle n'exige aucune règle particulière : on dessinera d'abord le bloc de marbre avec toutes ses moulures, et ensuite le levier.

Dans l'exemple de la fig. 74, le point d'appui se trouve placé entre la puissance et la résistance ; mais on rencontre des dispositions contraires, ce qui fait distinguer trois sortes de leviers.

« *Le levier du premier genre* est celui dans lequel le « point d'appui est entre la puissance et la résistance. La « fig. 74 nous en a déjà fourni un exemple. »

Les ciseaux, fig. 75, sont encore un levier du premier genre. En effet, le point d'appui (c'est la vis *a*) se trouve entre la puissance, c'est-à-dire les anneaux où se placent les doigts *b*, et la résistance, c'est-à-dire l'étoffe ou l'objet mis entre les deux lames *c*.

96. *Dessiner les ciseaux de la fig.* 75. — On élèvera une verticale qui doit passer par le milieu de la vis, et qui servira à déterminer la place des anneaux et des pointes. Dans la position représentée par la fig. 75, les anneaux et les tranchants des lames sont à égale distance de la verticale.

Nous engageons les élèves à copier avec goût les figures de cette planche : ils y retrouveront les éléments contenus dans les premiers tableaux ; cependant il faut du soin pour arriver à bien rendre les détails des machines.

« Dans le *levier du second genre*, la résistance est « placée entre la puissance et le point d'appui. »

La fig. 76 en offre un exemple. C'est un couteau attaché à une table, et qui sert aux boulangers, aux chaircuitiers, etc., etc. Le point d'appui est à l'extrémité *a* du couteau, la puissance s'applique à l'autre extrémité ou manche du couteau *b*, et la résistance est placée entre les points *a* et *b* et sous la lame *c*.

Dessiner la fig. 76. — L'élève tracera un angle de la même ouverture que celui fait par le couteau et le plan horizontal de la table ; il dessinera ensuite les différentes parties de cette figure.

En corrigeant, on examinera si tous les détails sont bien rendus et si les lignes ombrées sont convenablement placées.

97. Dans le *levier du troisième genre* la puissance se trouve entre la résistance et le point d'appui.

La fig. 77 représente un petit étau à main : l'écrou qui retient la vis est la *puissance b ;* l'objet placé entre les mâchoires de l'étau représente la *résistance c*, et le *point d'appui* est la jonction inférieure des deux branches de l'étau *a*.

Dessiner la fig. 77. — On élèvera une verticale sur laquelle se trouvera le milieu de l'objet serré entre les mâchoires de l'étau, et on tirera une horizontale à la hauteur de la vis. On copiera le plus fidèlement qu'il sera possible cette petite figure.

Les pincettes employées pour relever les tisons, les cisailles destinées à la tonte des moutons, sont des leviers du troisième genre.

La fig. 78 représente un compas, qui est encore un levier du troisième genre. Nous indiquons cette figure parce que la *résistance* se trouve réunie au *point d'appui* dans la tête de l'instrument *a*; les doigts ou la *puissance* s'appliquent en *b* pour écarter les branches.

Si l'on se sert d'un compas pour saisir un insecte et l'examiner à la loupe, alors le compas est complètement un levier du troisième genre.

Dans plusieurs machines simples, dans le couteau ordinaire par exemple, le point d'appui et la résistance ne sont point séparés.

98. Ces détails sur les leviers nous conduisent à l'examen de *la balance,* qui est un levier du premier genre.

On distingue dans une balance :

a, point d'appui, ou axe horizontal ;

b, aiguille ;

c d, fléau composé des deux bras de la balance ;

e, f, les bassins.

Le plateau où l'on met le poids représente la *puissance;* l'autre, où se trouve l'objet à peser, représente la *résistance ;* le *point d'appui* se trouve au milieu de la longueur du fléau.

Pour qu'une balance marche bien, il faut qu'elle soit bien sensible, c'est-à-dire qu'un poids léger dérange l'équilibre; mais il faut en même temps que les oscillations du fléau ne soient pas trop rapides. Si le centre de gravité du fléau est trop près du point d'appui, les oscillations sont lentes et difficiles, la balance est insensible; si, au contraire, le centre de gravité est éloigné du point d'appui, les mouvements oscillatoires du fléau deviennent fréquents et rapides, et la balance est trop sensible.

On élève ou on abaisse le centre de gravité en ôtant ou en ajoutant de la matière à la partie inférieure.

Pour qu'une balance soit juste, il faut que les bassins soient de même poids et soutenus par des cordes ou des chaînes égales; que les deux bras de la balance soient d'une longueur égale, car si l'un des bras est plus long que l'autre, le poids peut faire équilibre à une moindre quantité de marchandises.

On comprend facilement que l'un des bras de la balance peut être plus long que l'autre, et cependant être de la même pesanteur, en sorte qu'il y aura équilibre, quoique la balance soit fausse : si les deux bras sont de pesanteur inégale, la différence de poids des bassins peut faire compensation. La mauvaise foi et l'ignorance emploient souvent des balances fausses qui ont l'apparence de la justesse : nous devons prémunir nos lecteurs contre ce genre de fraude.

Un moyen simple de vérification consiste à changer de bassin les poids et les marchandises après une première pesée. C'est ce qu'on appelle la *méthode des doubles pesées.*

On met dans un des bassins le corps qu'on veut peser; dans l'autre, on met des morceaux de fer ou du petit plomb. Quand la balance est en équilibre, on retire l'objet soumis à la pesée, et on le remplace par des poids mesurés : ces poids indiquent la véritable pesanteur du corps.

Si nous sommes entré dans quelques détails sur la balance, c'est à cause de son usage journalier.

Dessiner la balance, fig. 79. — On tracera deux horizontales, une pour les bassins, et la seconde pour les bras de la balance; sur le milieu de cette seconde horizontale on élèvera une verticale sur laquelle devra se trouver l'aiguille qui indique l'équilibre. Il ne restera plus qu'à dessiner exactement tous les détails. Les cordes exigent beaucoup de soin dans l'exécution; autrement elles sont noires et inégales, et forment tache.

Vérification de la fig. 79. — On mesurera au demi-mètre les deux bras de balance; ils doivent être d'égale longueur; les bassins doivent être égaux aussi.

99. La *romaine*, ou *peson*, est composée, comme la balance, d'un fléau, mais de deux bras de levier inégaux. Au bras le plus court est fixé un crochet pour attacher l'objet à peser *b*, ou un bassin suspendu par des cordes d'égale longueur, dans lequel on place les corps que l'on veut peser. On adapte au bras le plus long un poids nommé peson *c*, qui glisse le long de ce bras au moyen d'un anneau. On conçoit, d'après ce que nous avons dit plus haut, que le peson placé à une distance un peu considérable du point d'appui *a* peut faire équilibre à un objet très lourd.

Lorsqu'on veut faire une pesée exacte avec la romaine, on pèse le corps, on marque le point où le peson est en équilibre avec la marchandise, et on remplace la marchandise par des poids mesurés : ces poids indiquent fidèlement la pesanteur.

100. *Dessiner une poulie*, fig. 81.

« La poulie est une roue ou rouet évasé en gorge à sa « circonférence pour recevoir une corde. »

Au milieu de la poulie se trouve le *boulon* : c'est une cheville de fer à tête ronde, percée pour recevoir une clavette. La *clavette* est une espèce de clou plat qui entre dans une fente à l'extrémité du boulon.

a, est la chape;

b, la corde à laquelle est attachée la résistance;

d, la corde à laquelle s'applique la puissance.

La poulie est soutenue par la chape dans laquelle tourne librement le rouet ; à l'une des extrémités de la corde se trouve la résistance ; à l'autre s'applique la puissance.

La gorge de la poulie ne doit pas être ronde, mais angulaire, pour que la corde ne glisse pas.

On fait ordinairement les poulies en bois ou en métal. Lorsque la poulie est en bois, il convient que l'axe soit fixé au rouet : l'avantage qu'on en retire, c'est que, si le trou de la chape vient à s'agrandir, la poulie descend un peu, mais elle n'en tourne pas moins bien; au lieu que, lorsque la poulie tourne sur son axe, le trou qui reçoit l'axe s'agrandit inégalement. On évite cet inconvénient en fabriquant les essieux et les rouets en substances métalliques. Le centre des rouets est ordinairement une boîte en cuivre.

La poulie fixe sert à changer la direction d'une force, et à rendre le mouvement continu.

Vérification de la fig. 81. — On vérifiera le rouet au compas ou à la corde : on doit s'assurer si la chape est nettement dessinée, et si les détails sont exécutés avec goût.

101. « On appelle *moufles,* et en terme de marine *pa-* « *lans,* des assemblages de poulies dont les unes sont fixes « et les autres mobiles, et cependant embrassées par une « même corde. »

Dessiner la fig. 82, qui représente une moufle à trois poulies immobiles.

a est le fardeau ou résistance ;

b est la partie immobile ;

c la corde où s'applique la puissance.

On peut, au moyen de ces moufles, enlever de très grands fardeaux avec une petite force. Mais par compensation les cordes parcourent beaucoup d'espace pour faire parcourir à la résistance une très petite étendue.

102. Nous ferons remarquer ici, en passant, que plusieurs causes diminuent les résultats que devraient présenter les machines. Le frottement en est la cause principale; il empêche presque toujours de conclure d'une machine en petit à une machine semblable, mais en grand, parce que les résistances ne sont plus dans les mêmes proportions.

Pour dessiner la fig. 82, l'élève tracera deux verticales: sur l'une se trouveront les trois centres des poulies supérieures, sur l'autre se trouveront les trois autres centres des poulies inférieures ; il dessinera la chape immobile terminée par un anneau, et au-dessous la chape mobile, à laquelle est suspendue la résistance figurée par un poids.

Il n'aura plus qu'à tracer les cordes, qu'il ombrera légèrement comme dans le modèle.

Vérification de la moufle, fig. 82. — On s'assurera de l'exactitude des verticales au fil à plomb, et de celle des circonférences au compas ou à la corde. On devra, avant tout, examiner si l'aspect total de la figure est agréable, et si rien ne choque la vue. Pour cela, il faut que les lignes soient arrêtées avec précision, sans jarret, sans disjonction, et que les contours soient purs.

103. *Dessiner la fig.* 83, qui représente un appareil d'un autre système.

Le système (ce mot veut dire ici disposition) de moufles que nous donnons remplace avantageusement le précédent; il est surtout employé dans la marine et sur les vaisseaux. Les poulies y sont de diamètres égaux, traversées par un boulon commun, et placées dans une seule chape; les cordes parallèles d'un même côté ne sont pas parallèles aux parties de cordes qui se trouvent de l'autre côté : ce défaut de parallélisme et les inconvénients qui en résultent deviennent très sensibles quand les deux moufles sont rapprochées.

a, est la résistance figurée par un poids;

b, le point d'appui;

c, la corde attachée à une poulie;

d, la corde où s'applique la puissance.

L'élève tracera une verticale, sur laquelle doit se trouver le centre des poulies et des chapes; il dessinera successivement les autres parties, le fardeau, les poulies, les chapes et les cordes.

(1) Cette figure étant en perspective, nous aurions pu donner une forme légèrement elliptique aux poulies du premier plan; mais nous avons préféré conserver la forme naturelle pour ne pas occasioner de confusion dans la

Vérification de la fig. 83. — On procédera comme dans la figure précédente, en s'assurant de l'égalité des circonférences et de l'exactitude de la verticale.

« Si l'on veut savoir l'effet que produisent les mou- « fles, il faut multiplier la force de la personne qui « les met en mouvement par le double du nombre de « poulies mobiles. Soit, par exemple, un homme ca- « pable de produire un effort de 180 livres, et soit 3 « le nombre des poulies mobiles : il faut multiplier 180 « par 6, double de 3, ce qui donne pour produit 1080 « livres.

« Dans la pratique, il faut diminuer ce résultat à cau- « se du frottement. »

104. « Le treuil est un cylindre qui tourne sur un axe « soutenu par deux points fixes; sur ce cylindre s'enroule « une corde, à l'autre extrémité de laquelle est suspendu « un fardeau. Au moyen d'une petite force, on peut en- « lever une masse très pesante.

« Dans la fig. 84, le treuil est appliqué à un puits « pour élever un seau; on adapte à chaque extrémité « du cylindre une manivelle qui permet à deux person- « nes de tirer le seau avec très peu d'efforts.

« Quand le treuil est destiné à soulever de plus lourds « fardeaux, tel que les blocs de pierre ou de marbre, on « remplace avantageusement la manivelle par une gran- « de roue armée de chevilles. »

Dessiner un puits et son treuil, fig. 84.

Aucune difficulté grave ne se présente dans le dessin de cette figure, où l'on ne trouve que des verticales et des horizontales. Cependant les ardoises qui couvrent le toit, le seau et la corde enroulée sur le cylindre, réclament quelque attention.

Vérification de la fig. 84. — La vérification se fera à

tête des élèves. Nous pouvons nous appuyer, pour agir ainsi, de l'autorité d'excellents ouvrages modernes français et anglais sur la mécanique et la statique, dans lesquels on a suivi le même système de dessin.

l'équerre et au niveau; on s'occupera principalement de la correction et de la netteté des lignes.

105 ***Dessiner un cabestan***, fig. 85.

Quand il s'agit de trainer de lourds fardeaux, on se sert du cabestan, qui est une espèce de treuil dont le cylindre *a* est vertical. Au lieu de manivelles, la tête du cabestan *b* est traversée par deux grands leviers de bois aux extrémités *c*, *c*, *c*, *c*, desquels quatre hommes peuvent appliquer leurs forces. Cette machine est très-employée dans les ports et à bord des vaisseaux.

On élèvera une verticale qui sera l'axe du cylindre. Ce dessin, un peu compliqué de détails, demande du soin et de l'intelligence. La pierre *d* est placée sur des rouleaux de bois pour éviter les frottements, qui exigeraient une puissance plus considérable.

106. « Les roues *dentées* ou *à engrenage* sont des « roues garnies à leur circonférence de saillies également espacées que l'on nomme *dents*, et à l'aide desquelles elles engrènent les unes avec les autres. Elles « transmettent le mouvement reçu à d'autres roues par « par le moyen des *pignons*. En faisant usage des roues « de cette espèce, on peut transmettre au loin l'action « de la puissance, et changer la direction du mouvement. Le plus grand avantage que l'on en retire est « de gagner en vitesse ce que l'on perd en force, ou « de gagner en force ce que l'on perd en vitesse. Dans « certains cas, il est fort avantageux qu'un homme puisse « faire le même effort que quatre hommes, en y mettant quatre fois plus de temps; ou, au contraire, qu'il « emploie toute sa force, quand il devrait n'en employer « que le quart, mais en obtenant une vitesse quatre fois « plus grande. »

Dessiner les roues à engrenage, fig. 86.

a, *a*, *a*, sont les grandes roues;

b, *b*, les pignons;

c, un rouleau;

d, un poids.

Les dents des pignons engrènent avec les dents des grandes roues.

On dit que des dents engrènent lorsque les dents d'une roue entrent dans celles d'une autre, de manière à pouvoir la faire tourner.

« Les roues à engrenage sont très employées dans « l'horlogerie; on s'en sert également pour les tourne- « broches.

« Ordinairement le nombre des dents des pignons est « contenu exactement dans celui des dents des grandes « roues. Si l'on veut, par exemple, qu'une roue fasse « cinq révolutions pendant que la précédente n'en fera « qu'une seule, il faut que cette roue précédente ait « cinq fois autant de dents que le pignon dans lequel « elle engrène. »

Pour dessiner la fig. 86, l'élève tirera une horizontale sur laquelle doivent se trouver les centres des grandes roues et des pignons. Il tracera ensuite les roues et leurs pignons; et décrira quatre circonférences concentriques : les deux premières comprendront les dents de la roue, et les deux autres les dents des pignons.

Pour que les roues engrènent facilement, il faut que les dents aient du jeu, c'est-à-dire qu'elles ne se touchent pas; le jeu doit être de 1/8 de l'épaisseur de la dent.

Vérification de la fig. 186.—Il faut beaucoup de précaution pour dessiner cette figure avec une grande justesse. L'attention du correcteur devra se porter successivement sur l'égalité des circonférences, sur l'égalité des dents en hauteur et en largeur, sur l'espace entre les dents, qui doit être partout le même. C'est encore une des figures de ce recueil qui réclament quelque indulgence de la part des maîtres.

107. « La *vis* a la forme d'un cylindre droit ou d'un « cône creusé en spirale à sa surface, et entre dans « une pièce *a*, que l'on nomme *écrou*, creusée suivant la « même spirale.

« La distance d'un filet à l'autre se nomme le *pas de* « *la vis*.

« Plus le pas de la vis est petit, et plus on peut pro- « duire un grand effet, mais en même temps moins le « mouvement est rapide.

« Les vis se font en buis, en hêtre, en poirier ou « en métal. La vis métallique est bien préférable aux « vis en bois, dont les filets s'ébrèchent facilement.

« Les filets sont triangulaires ou quadrangulaires, « suivant les résultats que l'on se propose d'obtenir.

« La vis est une des machines les plus employées : on « s'en sert pour exercer une pression considérable, par « exemple pour extraire le jus du raisin et d'autres « fruits.

« Il y a plusieurs manières d'employer la vis : tantôt « c'est elle qui tourne, l'écrou restant immobile ; tan- « tôt c'est l'écrou qui descend le long de la spirale de la « vis immobile. »

Dessiner la fig. 87.

a est l'écrou ;

b, la puissance appliquée à l'extrémité d'un levier qui traverse l'écrou ;

cc, le pas de vis.

On élèvera une verticale, et on tracera toutes les horizontales également espacées que l'on voit dans la figure, et qui servent à marquer chaque pas de la vis.

Ce dessin exige de la précision et du soin.

108. « La vis sans fin est un cylindre dont les extré- « mités sont portées par deux points fixes. On combine « la vis sans fin avec le treuil. Deux filets, faisant saillie « sur la surface du cylindre, engrènent avec les dents « d'une roue verticale sur l'axe de laquelle est un rou- « leau. Sur ce rouleau est appliquée la corde qui retient « le fardeau que l'on veut élever. Une très petite force « peut soulever un très lourd fardeau, mais ce que l'on « gagne en force on le perd en vitesse. »

Dessiner la fig. 88.

a, est le cylindre;

b, *b*, les deux points fixes;

c, la manivelle;

d, les deux filets carrés;

e, la roue verticale;

f, le rouleau fixé sur l'axe de la roue;

g, la corde à l'extrémité de laquelle est attachée la résistance.

On remarque dans cette figure : un cylindre, une manivelle, les deux filets quadrangulaires, une roue verticale à dents, et un rouleau sur lequel s'enroule la corde qui supporte le fardeau.

L'élève dessinera la roue, puis les dents également espacées; il dessinera ensuite le cylindre de manière à se réserver l'espace nécessaire pour les filets, puis le rouleau, la corde et la manivelle.

Vérification de la vis sans fin. — On divisera le cylindre en deux parties égales par une horizontale qui indiquera exactement la place des points fixes; on vérifiera les deux circonférences concentriques et l'équidistance des dents.

CHAPITRE VI.

Applications de la combinaison de la ligne droite et de la ligne courbe.

109. Les élèves qui auront fidèlement copié les figures précédentes, et qui auront apporté dans ce travail assez d'attention pour comprendre les explications ajoutées à quelques unes, ont surmonté les difficultés les plus grandes du dessin linéaire. Ils sont en état de dessiner avec facilité et avec goût les figures suivantes.

110. *Dessiner une charpente en cintre pour la construction des voûtes de cave ou des arcades*, fig. 89.

a s'appelle l'entrait ;
b, le poinçon ;
c, *c*, les poinçons obliques ;
d, *d*, les courbes ;
e, *e*, *e*, les pièces de bois de bout.

Nous ne donnerons pas de détails sur la charpente, qui est une partie fort compliquée de l'art de construire les bâtiments : ce serait fatiguer inutilement l'esprit des élèves de termes *techniques*. (Le mot technique signifie qui a rapport aux arts.) Ce n'est que par la pratique qu'on peut apprendre la valeur de ces termes.

Le dessin de la fig. 89 suffira pour faire concevoir aux jeunes gens comment une voûte peut être soutenue par une charpente, et comment les diverses pièces de charpente se prêtent un mutuel appui.

L'élève, sur une horizontale qui servira de base supérieure à son entrait *a*, fig. 89, décrira une demi-circonférence et terminera son entrait; il dessinera successivement le poinçon, les poinçons obliques et les courbes; il finira par les trois pièces de bois de bout.

Vérification de la fig. 89. — On décrira du centre de l'horizontale une demi-circonférence, à la corde ou au compas : la coïncidence avec la courbe tracée par l'élève prouvera l'exactitude du dessin ; autrement il faudrait corriger. Un des bois de bout *e* et le poinçon *b* se vérifient à l'équerre.

111. Dans la charpente on fait usage du chêne et du sapin ; quelquefois on emploie l'orme, le noyer, le hêtre, etc., etc. Mais le chêne et le sapin ont une supériorité incontestable.

Le *chêne* résiste parfaitement aux intempéries des saisons et à l'action de l'eau.

La grosseur de cette espèce d'arbre permet d'en tirer des poutres d'un équarrissage considérable. Aussi le chêne est-il regardé comme le meilleur de nos bois de construction. On le nomme vulgairement *le roi des bois.*

Le *sapin* résiste moins que le chêne à l'action extérieure, mais il est plus léger et se conserve très bien quand il est recouvert de plâtre.

112. Dans la construction, il ne faut employer que des bois secs. Si le bois est vert, il se pourit promptement. Si l'on est forcé de se servir de bois vert, il y a une précaution à prendre : c'est de le laisser quelque temps dans l'eau, jusqu'à ce que la sève ait disparu.

On doit aussi enlever *l'aubier :* on appelle aubier la partie extérieure du bois qui n'a pas encore acquis de dureté.

Il faut rejeter le *bois noueux*, il est sujet à casser ; le *bois gélif*, qui est fendu par la gelée, et le *bois mort*, qui n'a pas de résistance.

Les bois pour les cintres que l'on emploie à la pose des voûtes, repris par l'entrepreneur après l'achèvement de l'ouvrage, coûtent prix moyen 7 francs le pied cube, ou 70 fr. le mètre cube.

Dessiner une cheminée riche, fig. 90.

Nous avons donné, fig. 42, un modèle de cheminée

ordinaire ; la fig. 90 représente une cheminée de salon, dans une maison riche.

Le cintre *b* se nomme *contre-chambranle à bouche de four.*

Les chambranles *c*, *c*, sont à pilastres.

d, *d*, sont des patères de marbre pareil ou d'une couleur tranchée, selon le goût du propriétaire.

Une cheminée en marbre de Malplaquet, conforme au modèle de la fig. 90, peut valoir de 150 à 200 fr. Si l'on désire des marbres précieux, il faut y mettre de 400 fr. à 1,000 fr.

L'élève tracera une horizontale qui déterminera la position de la tablette ; il dessinera la traverse, et au-dessous il décrira une demi-circonférence, dont il prolongera les extrémités en ligne verticale jusqu'aux socles ; il finira par les chambrales et les patères.

Vérification de la fig. 90. — On vérifiera la demi-circonférence du cintre et les patères au compas ; le reste à l'équerre et à la règle. On appelle *patère* (une patère) un ornement en forme de coupe, en marbre, et le plus souvent en cuivre. On se sert de patères pour relever les grands rideaux des fenêtres d'un salon. En faisant comparer la fig. 90 avec la fig. 42, qui offrent toutes deux des modèles de cheminée, le maître fera observer à l'élève combien l'alliance de la ligne droite et de la ligne courbe sert à orner et à enrichir les constructions.

Les *marbres* sont de plusieurs espèces.

Et d'abord on les distinge en *marbres antiques* et *marbres modernes.*

Les marbres antiques sont ceux dont les carrières n'existent plus ; les marbres modernes sont ceux dont les carrières sont en exploitation.

Parmi les marbres antiques on cite particulièrement *le vert antique*, *le noir antique*, *le jaune antique*, *le jaspe; le lapis*, d'un bleu foncé, et *le porphyre*, qui était rouge ou vert.

Les marbres modernes les plus connus sont *le marbre*

blanc, très estimé ; *le bleu turquin*, très cher ; *le vert d'Egypte; la griote*, qui est couleur de chair, etc.

Ou les marbres sont *veinés*, ou ils offrent une pâte incrustée de cailloutages et de coquillages : on les appelle alors *brèches*. Un des grands inconvénients des marbres brèches, c'est qu'en les polissant, il s'y rencontre des vides qu'il faut mastiquer.

Quand le marbre est terne après avoir été poli, on le nomme *cameloté ;* s'il n'est pas assez dur pour recevoir une arête vive, on le nomme *pouf ;* enfin, s'il est d'une dureté excessive, il est appelé *fier*.

Comme les beaux marbres sont fort chers, on les imite par une composition nommée *stuc*. Le stuc craint l'humidité, mais dans l'intérieur des maisons il fait un bon usage*;* on en revêt les murs des antichambres et des salles à manger.

113. *Dessiner la fig.* 91.

Cette figure représente une grille d'appui, composée de cadres à doubles ronds. Cette grille de fer peut servir pour un grand balcon; elle est à double châssis, formant cadres, dans lesquels les doubles ronds sont maintenus par des croisillons *a*, *a*, *a*, *a*, fig. 91.

La manière la plus simple de dessiner la fig. 91 est de décrire d'abord les circonférences concentriques; et de dessiner les croisillons qui déterminent les lignes du châssis intérieur; on décrira au-dessus, au-dessous et sur les côtés, les petites circonférences, et on terminera le dessin par la barre d'appui.

Vérification de la fig. 91.—On tracera des horizontales, et on élèvera des verticales qui devront passer par les centres des circonférences; on tirera une horizontale par le milieu de la petite circonférence concentrique. Ces lignes de vérification feront reconnaître de suite les erreurs, s'il y en a. Le reste se mesurera au-demi-mètre.

Il est inutile de répéter à chaque figure qu'il faut avant tout s'assurer au fil à plomb ou au niveau si les lignes sont bien verticales.

Le meilleur fer de France vient des forges du Berri; il est dur et a un grain très fin.

114. *Dessiner une porte cochère*, *fig.* 92.

La porte cochère de la fig. 92 est une porte de grande maison. La dénomination de porte cochère vient du mot *coche*, qui autrefois désignait un carrosse de ville et de voyage. Ainsi porte cochère signifiait porte suffisamment large et haute pour que des coches y pussent passer.

Les battants sont composés de panneaux riches : ceux du haut sont saillants et taillés en *pointes de diamant;* celui du milieu *b*, qui est le plus grand, est orné d'un hexagone allongé avec moulure circulaire au centre; les panneaux du bas *c* sont à pointes de diamant avec une patère au centre. Le joint des battants est masqué dans toute sa hauteur par un pilastre *d*. On peut varier les ornements à l'infini. Aujourd'hui, dans les grandes villes du royaume, et surtout à Paris, les portes cochères sont devenues un objet de luxe.

On voit des portes cochères en fer, à jour, avec des ornements de bronze doré, ou de bronze couleur vert antique. Dans plusieurs grandes maisons, le bas de la porte est en chêne jusqu'à hauteur d'appui, avec des panneaux riches en pointes de diamant, ou avec de larges patères ornées au centre de rosaces; le haut est en pièces d'assemblage en fer doré, à jour, avec rosaces et croisillons. Quand l'intérieur de la cour est bien entretenu, et qu'il y a des échappées de vue sur des jardins, rien n'est de meilleur goût que des portes cochères de ce genre.

On les ferme à l'intérieur avec de grandes *espagnolettes de fer,* au lieu des *balanciers à serrure*, qu'on employait autrefois.

Il est difficile de fixer le prix d'une porte cochère, parce qu'elle est susceptible d'une grande variété dans les ornements. D'un autre côté, la hauteur et l'importance de la maison, l'élévation du rez-de-chaussée, de l'entresol et du premier, rendent cette estimation presque impossible. Cependant on peut évaluer approximativement une grande porte cochère en chêne, avec ornements en bois, au prix de 1,000 à 1,500 fr. Les ferrures se comptent au poids, et se paient la livre à raison de 1 fr. Je ne parle pas ici des ferrures d'ornements, dont le prix se règle à forfait.

L'élève qui dessinera la fig. 92 élèvera trois verticales sur sa base, dessinera d'abord le pilastre, et partagera la hauteur entre les trois panneaux. Nous n'avons à lui recommander qu'une grande netteté dans les lignes.

Vérification de la fig. 92. — Cette vérification se fera à l'équerre, à la règle et au compas.

115. *Dessiner la fig.* 93. — Treillages agrestes.

Les treillages de jardin ont été si perfectionnés depuis le commencement du siècle, que nous en offrirons trois modèles. Ils sont peu dispendieux, et dans leur construction et dans leur entretien; ils embellissent les gazons et les parterres par leur forme variée. Dans les grands parcs, on réserve quelques pièces de gazon pour y parquer des animaux : on entoure cet espace d'un joli treillage.

Ce treillage a besoin d'être souple pour prendre toutes les formes qu'on veut lui donner; il offre peu de consistance, et il se briserait facilement si on n'avait la précaution de le consolider, de distance en distance, avec de forts piquets ou montants en bois.

La fig. 93 représente un treillage composé de demicercles assujettis sur les petits piquets *a*, *a*, *a*. Le ***bois de châtaignier*** que l'on emploie est revêtu de son écorce; il a dû être préparé d'avance, et courbé en cercle : autrement il éclaterait en le posant.

On élèvera trois verticales sur la base : celle du milieu contient les centres de tous les demi-cercles. En traçant les seize demi-cercles concentriques, on doit tâcher de les espacer également et de leur donner une épaisseur égale; on dessine ensuite les traverses, et on complète les vides par des portions d'arc.

Vérification de la fig. 93. — Quand les verticales auront été reconnues exactes, on vérifiera au compas ou à la corde les seize demi-cercles, et les douze portions de cercle, en faisant attention que le treillage doit couvrir et être couvert successivement, comme on le voit dans le modèle.

116. *Dessiner la fig.* 94. — Autre treillage agreste.

Ce treillage est composé d'arcs de cercle dont les extrémités sont liées sur des traverses *a*, *a*; les petites traverses intermédiaires servent à consolider les arcs de cercle en *bb*.

Le dessin et la vérification de cette figure n'offrent pas de difficulté, il suffira de bien examiner le modèle : ce que nous pouvons seulement faire remarquer, c'est qu'avant de décrire les arcs de cercle, il faut tracer toutes les verticales.

117. *Dessiner la fig.* 95. — Autre treillage de jardin.

Ce dernier modèle est fort élégant, et en même temps très simple. Les arcs en forme d'ogives peu écartées font un excellent effet; ils s'attachent en *aa* aux piquets et à la traverse; il faut les lier avec du fil d'archal en *bb*, et les couvrir d'un bourrelet d'osier, qui sert d'ornement et fait *chapiteau*.

Nous ne donnerons pas de détails sur le dessin et la vérification de cette figure, dont l'exécution linéaire est fort simple.

118. *Dessiner une grille de fer riche pour jardin*, fig. 96.

Cette grille peut être simplifiee : on peut en retrancher les cercles et les carrés, qui sont dans les frises *d*, *d*.

a, *a*, sont les panneaux du milieu;

b, *b*, les panneaux du haut;

c, *c*, les panneaux du bas;

d, *d*, les frises.

Les panneaux sont composés de croisillons qui soutiennent des châssis; au centre des croisillons sont de petites patères en bronze. Les frises sont ornées de ronds et de carrés placés sur leurs angles.

Cette figure est d'une exécution compliquée; elle demande beaucoup d'attention, surtout pour les frises. Nous l'avons placée la dernière de ce chapitre, afin qu'elle puisse servir au maître à reconnaître les progrès de ses élèves. Celui qui dessinera correctement cette figure méritera une récompense. La figure 96 peut être négligée par les élèves qui dessinent au tableau noir.

Le moyen que nous conseillons d'employer pour dessiner la fig. 96 est de diviser exactement les verticales avant de commencer. Quand les panneaux sont convenablement espacés, que les frises sont divisées dans toute leur hauteur, pour recevoir successivement les carrés et les cercles, le tracé est long, mais n'est pas difficile.

CHAPITRE VII.

Application du dessin linéaire à l'ornement.

119. C'est en suivant un ordre méthodique qu'on parvient à faire des progrès rapides. Cette vérité, d'une haute importance dans ses résultats , doit être souvent répétée aux élèves. Si tant d'enfants ne réussissent pas , c'est moins à leur peu de dispositions qu'il faut l'attribuer qu'à l'absence de toute méthode dans l'enseignement et dans l'application.

Dans l'étude des langues, dans celle des sciences, on sent la nécessité de la méthode, bien plus que dans la pratique des arts; nulle part cependant peut-être le besoin d'une marche progressive et méthodique n'est plus indispensable que dans le dessin linéaire.

Si l'on étudie les mathématiques , la géométrie , par exemple, il faut malgré soi suivre l'ordre des propositions. Personne ne peut franchir impunément un livre entier , ou même quelques propositions de géométrie, sans être immédiatement ramené à la marche méthodique. Il faut de toute nécessité rétrograder, car on n'a rien compris à ce qu'on a voulu étudier trop tôt. La chaîne des idées se trouvant interrompue, force est bien de revenir sur ses pas.

Dans le dessin linéaire , cette méthode , cette liaison, est moins apparente , mais elle existe également. Si un élève , après avoir tracé quelques lignes géométriques, veut passer à des figures compliquées , son dessin est nécessairement inexact , il se dégoûte, et croit n'avoir pas de dispositions; tandis qu'en suivant un ordre régulier, en dessinant des figures disposées dans une progression croissante de difficultés, il parvient au but avec plaisir et en peu de temps.

Nous insistons fortement sur ce point, pour que les maîtres ne cèdent pas aux élèves qui voudraient passer plusieurs figures et arriver plus tôt aux dessins d'ornements, dessins qui sont fort amusants à copier.

Les formes géométriques que nous avons vues dans les chapitres précédents vont trouver à chaque instant leur application dans le chapitre VII.

120. « L'*ornement*, au premier coup-d'œil, semble « un produit du caprice et de l'imagination ; mais il n'en « est pas ainsi. Plus l'ornement se rapproche de la ré« gularité géométrique, et plus, à notre insu, il produit « une sensation agréable. Les formes fantastiques ne « plaisent généralement pas, ou plaisent peu de temps : « on revient malgré soi aux formes pures et naturelles.

« La composition de l'ornement est devenue un art « très compliqué, qui reste le privilége d'un petit nom« bre d'artistes.

« Ce qui rend la composition des ornements si diffi« cile, c'est l'alliance des règles et de l'imagination.

« Le goût seul peut diriger l'imagination dans ses « écarts ; l'artiste qui n'est pas guidé par un goût pur « tombe dans le ridicule et dans l'extravagant. »

Il est nécessaire d'avertir que notre but n'a pas été de faire un traité de dessin d'ornement, mais seulement de faire copier aux jeunes gens des dessins capables de former leur goût, de leur faire apprécier plus tard les beautés des monuments antiques, enfin de leur fournir des ressources s'ils veulent s'exercer à composer des ornements nouveaux.

Pour composer l'ornement, il faut dessiner très bien la figure, puisque cet art, déjà si étendu, appelle encore à son aide les animaux, les figures mythologiques ou fabuleuses des faunes, des sylvains, les masques hideux des théâtres grecs et toutes les antiquités des anciens peuples.

Dessiner une rosace, fig. 97. — Pour dessiner cette figure avec facilité, l'élève décrira une circonférence, et au milieu une circonférence concentrique d'un diamètre quatre fois plus petit. Il divisera ensuite la plus grande en six parties égales, en portant, par la pensée, six fois le rayon sur la circonférence, ce qui déterminera le sommet des six grandes feuilles. Le reste n'est plus qu'une copie fidèle des diverses parties de la rosace.

Vérification de la fig. 97. — On vérifiera les circonférences au compas ou à la corde; on portera six fois le rayon sur la circonférence pour voir si les sommets des feuilles sont également espacés. Les lignes ombrées doivent être bien senties, et le contour de toutes les feuilles dessiné sans raideur.

121. *Dessiner des entrelas,* fig. 98.

Nous aurions pu mettre les deux rosaces, fig. 102 et 103, à la suite de la précédente; mais nous avons préféré faire dessiner auparavant des entrelas, dans lesquels la main doit s'exercer encore sur des lignes plus simples.

Les entrelas en petite dimension sont employés dans les bordures d'étoffes pour meubles, et en grande dimension dans les decorations de salles publiques, de salles de spectacles, etc.

Sur une horizontale qui doit contenir les centres des cercles concentriques, décrivez les cinq circonférences du tracé géométrique. Pour dessiner régulièrement les feuilles d'eau, élevez une verticale qui passera par chacun des centres. Placez une feuille dans chaque angle droit, et terminez par les détails. Nous n'avons donné que deux entrelas terminés; on fera bien d'en faire exécuter une ligne entière.

Vérification de l'entrelas, fig. 98. — La vérification est toute géométrique. On mesurera à la règle les distances des centres : ces distances doivent être égales. On s'assurera au compas de la régularité des circonférences, de la division en quatre parties égales des cercles où se trouvent les feuilles d'eau.

Une des plus grandes difficultés consiste à faire tourner sans jarret les courbes qui forment l'entrelas et qui passent successivement en-dessus et en-dessous.

122. *Dessiner une coquille,* fig. 99.

La coquille que représente la fig. 99 est le peigne que les pèlerins attachaient à leurs habits et à leurs chapeaux: elle sert d'habitation à un mollusque acéphale. Les *mollusques* sont des animaux mous, d'une organisation incomplète, sans cerveau proprement dit, mais animés par des ramifications nerveuses. *Acéphale* veut dire sans tête.

La coquille, fig. 99, est *bivalve*, c'est-à-dire composée de deux parties semblables qui se joignent, s'ouvrent et se ferment comme par une charnière.

Pour dessiner cette figure, l'élève élèvera une verticale qui doit partager cette coquille en deux parties symétriques.

Vérification de la fig. 99. — On tracera une circonférence du milieu de la coquille pris pour centre, ce qui aidera singulièrement à faire remarquer le défaut de symétrie qui pourrait exister dans les détails.

123. *Dessiner une corne d'ammon,* fig. 100.

Cette coquille, nommée *ammonite*, est *spirée*, c'est-à-dire en spirale, et *univalve*, c'est-à-dire composée d'une seule pièce. On appelle *spirale* une courbe qui, partant d'un point, s'en écarte sans cesse par des évolutions presque circulaires.

Pour dessiner la fig. 100, on décrira une circonférence dont le centre sera celui de la spirale nommé *œil;* de ce centre on tirera les rayons que l'on voit sur le modèle, et on dessinera les volutes en allant du centre jusqu'à leur plus grand développement.

Vérification de la fig. 100. — Le vérificateur décrira un cercle, et examinera si les volutes s'écartent de plus en plus; il s'occupera du contour successivement clair et ombré, pour imiter les sinuosités de l'ammonite.

124. *Dessiner des enroulements,* fig. 101.

Les enroulements sont très employés dans la décoration des salles destinées à réunir une assemblée nombreuse. On s'en sert aussi, mais dans de plus petites dimensions, pour les bordures des papiers peints. Cet enroulement est d'un bon goût, car il est tout à la fois riche et simple. Les fleurs, qui sont des marguerites, sont vues successivement sur les deux faces.

L'élève tracera deux cercles qui l'aideront beaucoup à dessiner les ornements.

Vérification de la fig. 101.—L'attention se portera sur la direction des courbes, qui doivent être tracées sans roideur; sur les fleurs, qui doivent tomber avec grâce; et sur les feuilles d'ornements, dont les contours déliés doivent moins paraître le résultat du travail que d'une grande facilité.

Il faut bien faire comprendre aux élèves que dans l'ornement la roideur géométrique doit être dissimulée sous des formes élégantes qui ne sentent point l'effort. Les artistes ont un mot qui rend parfaitement notre pensée. Ils disent : *Dessiner avec sentiment ; il y a du sentiment dans cette esquisse, dans ce contour ;* et par là ils veulent faire entendre que ce n'est pas au travail basé sur des règles ou sur certains principes que l'on doit la réussite; que le succès est dû à un instinct, à un goût du beau, fruit d'observations souvent répétées.

Malheureusement nous ne pouvons plus, comme dans les premiers chapitres, guider nos élèves par des règles aussi rigoureuses, et leur faire apprécier aussi exactement ce qui n'est que gracieux, facile et simple. Tout ce que nous recommandons, c'est de tâcher de copier fidèlement les moindres détails. Le goût du beau leur viendra insensiblement, s'ils cherchent surtout à se rendre compte de ce qu'ils éprouvent. Qu'ils comparent le modèle avec le dessin qu'ils ont tracé eux-mêmes, qu'ils corrigent les inexactitudes, qu'ils regardent attentivement, et bientôt ils n'éprouveront que du plaisir à dessiner, parce qu'ils dessineront facilement.

125. *Rosace*, fig. 102.

Cette rosace, qui représente une marguerite, est d'un usage très fréquent dans les arts, à cause de sa régularité et de sa simplicité.

On y reconnaîtra avec un peu d'attention un polygone régulier à douze côtés : cette figure géométrique en est réellement le principe. Quatre cercles concentriques, décrits du centre de la rosace, en détermineront les diverses parties. Le reste se dessinera avec le plus de précision qu'il sera possible.

Vérification de la rosace, fig. 102. — On suivra pour la correction les principes géométriques relatifs à l'hexagone régulier.

126. *Autre rosace*, fig. 103.

Cette rosace, un peu plus compliquée que la précédente, est d'un style élégant. Au centre, les très petits cercles figurent un rang de perles.

On trouvera encore dans cette rosace le tracé géométrique de l'octogone. Quand les sommets des huit feuilles apparentes seront marqués, et que les feuilles auront été dessinées, on tracera le rang circulaire de perles, et on terminera par les huit feuilles qui sont en-dessous, et dont on n'aperçoit que les extrémités.

Vérification de la fig. 103. — On tracera une circonférence sur laquelle se trouveront les sommets des feuilles, une seconde où se trouveront les bases, et deux autres qui comprendront les perles. La régularité de la figure étant constatée, on examinera attentivement si rien n'a été omis, et si les contours sont mollement courbés.

CHAPITRE VIII.

Ornements qui dépendent principalement du goût.

127. Quelques ornements s'éloignent un peu des formes géométriques; ils exigent principalement du goût et de l'adresse.

Palmette, fig. 104.

La palmette s'emploie rarement seule, mais elle surmonte avec grâce les enroulements et les bordures en rosaces.

Cette figure et les deux suivantes se composent de deux moitiés parfaitement symétriques, l'une à droite et l'autre à gauche.

Il faut donc, pour la dessiner, élever une verticale à l'extrémité supérieure de laquelle on dessinera la feuille du sommet ; on dessinera les autres feuilles en descendant jusqu'à la base.

128. *Palme*, fig. 105.

La palme, symbole des récompenses accordées aux divers genres de mérite, est plus allongée que la palmette; elle trouve sa place dans une foule de compositions du dessin d'ornement.

On élèvera une verticale; à son extrémité on dessinera la petite feuille du sommet, et on descendra vers la base, en groupant les autres feuilles à droite et à gauche sur la tige.

129. *Feuille d'acanthe,* fig. 106.

La feuille d'acanthe joue un rôle important dans les ornements d'architecture, surtout dans les chapiteaux de l'ordre corinthien et de l'ordre composite.

On élèvera une verticale, comme dans les deux figures précédentes, et on dessinera la feuille en allant de haut en bas. On tâchera de donner aux découpures cette forme caractéristique qui se retrouve dans les feuilles du chapiteau corinthien, et on tracera les lignes qui traversent les feuilles et qui représentent les nervures.

Vérification commune aux fig. 104, 105 et 106.

On élève la verticale et on mesure à la règle la largeur, dans plusieurs parties de la figure : la verticale doit être à égale distance des contours. Nous recommandons toujours la pureté des lignes.

130. *Feuille de chêne*, fig. 107.

Ordinairement, quand on ne dessine qu'une ou deux feuilles d'un arbre, on a soin d'y joindre le fruit, pour faire cesser toute hésitation.

La feuille de chêne, fig. 107, est accompagnée d'un gland.

131. *Branche de laurier*, fig. 108. — *Branche d'olivier,* fig. 109.

Les feuilles que nous donnons sont d'un emploi fréquent dans le dessin d'ornement. Tout le monde sait que le chêne et le laurier sont les symboles du courage et de la victoire. Le chêne est plus spécialement un symbole du courage civil.

L'olivier est un emblème de paix.

Il faut suivre, pour le dessin de ces trois figures, un système contraire à celui que nous avons indiqué jusqu'ici.

La symétrie et la régularité, que nous avions tant recommandées, deviennent des défauts dans le dessin des feuilles et des branches d'arbres. On doit éviter avec soin les lignes droites, les espaces égaux, les répétitions des mêmes formes et des mêmes sinuosités, comme on peut le voir dans les fig. 107, 108 et 109. La roideur, surtout, est ce qu'il faut craindre le plus : car dans la nature il y a un moelleux, un abandon plein de grâce, que les artistes habiles parviennent seuls à imiter.

132. ***Dessiner un ornement en losange***, fig. 110. — On tracera un losange allongé : l'intersection de l'horizontale et de la verticale déterminera le centre d'où l'on décrira les deux circonférences concentriques, autour desquelles on dessinera les feuilles d'eau et les feuilles d'acanthe.

Vérification de la fig. 110. — Cette figure est symétrique. On vérifiera le losange comme dans la fig. 13, et les deux circonférences au compas; on décrira une troisième circonférence, qui doit envelopper exactement les feuilles d'eau.

CHAPITRE IX.

Modèles antiques pour la composition de l'ornement.

133. *Dessiner un entrelas riche*, fig. 111.

Cet entrelas, d'un fort beau style, est emprunté à l'*autel de Mars*, monument précieux de la Galerie des antiques. Les élèves y retrouveront des enroulements et une palmette. Les enroulements sont terminés par des pieds de chimères. La chimère est un animal mythologique, c'est-à-dire consacré dans l'histoire de la fable.

Nous avons été très réservés dans les modèles qui renferment des parties d'animaux, telles que griffes, serres, etc. Nous n'en offrons qu'un très petit nombre, et seulement quand ils sont indispensables. Dans un traité élémentaire de dessin linéaire, les élèves doivent s'attacher surtout à représenter les formes géométriques, simples et ornées. Ce serait leur supposer des études précédentes dans le dessin académique, que de leur offrir à copier des animaux ou des figures de satyres, de faunes et de chimères.

Vérification de la fig. 111. — On décrira quatre circonférences qui correspondront aux quatre parties d'enroulement : elles seront utiles pour reconnaître la place des rosaces. On s'assurera à la règle si la figure est divisée exactement en deux parties égales par le pied de la palmette.

134. *Dessiner un caducée*, fig. 112.

« Le caducée est un attribut du dieu Mercure dans la
« mythologie. On raconte que Mercure, ayant rencontré
« sur son chemin deux serpents qui se battaient, leur

« opposa la baguette qu'il tenait à la main, et qu'à l'in-« stant ils s'y entrelacèrent.

« Le caducée devint un symbole d'union et de con-« corde, et les hérauts (espèces d'officiers civils dont les « fonctions principales étaient de déclarer la guerre ou « d'offrir la paix), chargés de missions pacifiques au-« près des peuples ennemis, portaient un caducée à la « main pour prouver qu'ils n'avaient aucune intention « hostile.

« On désigne le commerce par un caducée : c'est que « le commerce repose sur la paix et sur la confiance. »

On élèvera une verticale qui servira à dessiner le corps du caducée ; à l'extrémité supérieure on décrira une petite circonférence ; on dessinera au-dessous les ailes. Les serpents forment des arcs de cercle qui passent alternativement en dessus et en dessous de la baguette : la tête est la partie la plus difficile, à cause de la ressemblance qu'il faut tâcher d'obtenir. La moindre courbure fausse dans le trait en fait à l'instant des têtes d'oiseaux ou des têtes difformes qui n'appartiennent plus à aucun animal. On recommencera plusieurs fois jusqu'à ce qu'on réussisse.

135. *Dessiner un thyrse*, fig. 113.

« Le thyrse était chez les anciens un javelot entouré « de pampre et de grappes de raisin, ou de feuilles de « lierre.

« Les prêtres et les prêtresses de Bacchus, dieu du vin « et de la vendange, chez les païens, portaient des thyr-« ses dans les cérémonies.

« On ne fait usage aujourd'hui de cet ornement que « pour décorer les boutiques de marchands vin, ou « les rideaux de certaines salles de spectacles. Autrefois « on l'employait dans une foule de monuments, comme « on le peut voir dans ceux de la Galerie des antiques. »

Le thyrse de la fig. 113 est surmonté d'une pomme de pin et entouré de branches de lierre.

Pour le construire, on élève une verticale qui passe

par le milieu du thyrse ; on dessine la pomme de pin, et on trace la courbe que décrit la branche de lierre ; on n'a plus qu'à placer les feuilles sur la tige et à terminer les détails.

136. *Dessiner un tympanum*, fig. 114.

« Le *tympanum* ou *tympanon* des Romains, que nous « nommons tambour de basque, était ce qu'il est chez « nous, un cercle de bois ou de métal, sur lequel on « tendait une peau que l'on frappait avec les mains ou « avec des baguettes. »

On trouve cet instrument dans les monuments antiques consacrés à Cybèle et à Bacchus ; on croit que sa forme faisait allusion à la rondeur de la terre.

Autour sont attachés de petits disques de cuivre et des grelots qui retentissent quand on agite le tympanum.

C'est un ornement employé dans la décoration des salles de bal ou de spectacle.

La construction de cette figure est presque toute géométrique : c'est une circonférence divisée en six parties égales, autour de laquelle sont placés six arcs de petites circonférences. Il faut éviter que les circonférences concentriques se touchent ; elles doivent conserver entre elles la même distance dans toute leur étendue.

137. *Dessiner une rosace très riche*, fig. 115.

Cette rosace est d'une grande richesse de détails, mais aussi d'un travail assez compliqué. Elle exercera utilement les élèves.

On tracera les circonférences concentriques ; on divisera la plus grande en cinq parties, par le procédé de la fig. 55, ce qui déterminera le sommet des feuilles d'acanthe; la circonférence moyenne en 24 parties, par le procédé de la fig. 72, et la plus petite en quatre, par une horizontale et une verticale. On dessinera les différentes espèces de feuilles et les fleurs.

Vérification de la fig. 115. — On emploiera les procédés des fig. 55 et 72. Il est indispensable de donner une grande attention aux détails, qui sont nombreux et très variés, ainsi qu'à la pureté des contours. On peut dessiner cette rosace dans une proportion plus grande : l'effet n'en sera que plus agréable, parce que les détails seront mieux developpés. Si on voulait la représenter quatre fois plus grande, il suffirait de doubler le diamètre.

138. ***Dessiner une lyre antique***, fig. 116 (1).

« La lyre antique était un instrument à cordes que « l'on pinçait avec les doigts, ou que l'on touchait avec « un archet. Apollon, dieu de la poésie, était représenté « souvent tenant une lyre à la main. »

Celle que nous offrons dans la figure 116 est tirée du Musée des monuments antiques : elle appartient à l'*Apollon Sauroctone*, c'est-à-dire à *l'Apollon au lézard*. On croit que c'est une imitation de la statue du fameux Praxitèle, sculpteur grec. Nous l'avons légèrement modifiée pour lui donner plus de légèreté.

On élevera une verticale qui divisera la lyre en deux moitiés : on tracera les horizontales de la base et de la traverse, et on dessinera ensuite le corps de la lyre, son pied et les ornements, tels que feuilles et rosaces.

Vérification de la lyre, fig. 116. — La figure est symétrique : on vérifiera donc à la règle si la verticale passe exactement au milieu de la lyre, et si les courbes sont parfaitement semblables.

139. ***Dessiner une flûte antique***, fig. 117.

La flûte antique était le plus souvent à deux corps : on l'appelait flûte double. La partie droite donnait les sons aigus, la partie gauche les sons graves, servant d'accompagnement et de basse aux premiers. Les chanteurs se faisaient accompagner par des joueurs de flûte, qui marquaient la mesure et soutenaient la voix.

(1) Les figures de cette planche reçoivent le jour de droite à gauche ; mais comme l'effet est le même pour toutes, l'harmonie générale n'est pas troublée. Le jour d'ailleurs vient frapper les figures sous un angle de 45 degrés comme dans les autres planches. Nous avons voulu présenter un exemple de cette manière d'éclairer les figures.

Il est inutile de dire que l'élève doit tracer des obliques de droite à gauche, et de gauche à droite, pour former les deux corps de flûte, et qu'il ne lui restera plus qu'à terminer le haut de l'instrument par une embouchure, c'est-à-dire par la partie de la flûte où on applique les lèvres; à dessiner quelques ornemens, ainsi que les ouvertures que fermaient à volonté les doigts des musiciens.

140. *Dessiner un casque romain*, fig. 118.

Ce casque est tiré d'un beau tableau de David, *l'Enlèvement des Sabines;* c'est le casque de Romulus, chef ou roi des Romains, combattant Tatius, roi des Sabins. Ce casque est orné d'un panache, terminé par une queue de cheval; sa forme est tout à la fois simple et gracieuse.

L'élève peut décrire un cercle et y placer son casque de manière que le panache s'appuie sur la circonférence. Il retranchera du cercle les parties qui seraient trop arrondies pour appartenir à la courbe du sommet de la tête. Il finira par les torsades et les autres ornements.

On pourra dessiner le casque sans tracer préalablement une circonférence. La courbe du casque n'est pas géométrique, et nous ne pouvons pas donner un procédé pour la tracer.

141. *Dessiner une épée romaine*, fig. 119.

Cette épée romaine est d'une grande simplicité. On y remarque deux palmettes, et des ornements appelés *clous.* La poignée est sans garde, et le fourreau est arrondi : cette disposition était peu favorable pour une arme militaire.

La verticale que l'on élèvera divisera l'épée en deux parties symétriques : c'est une figure très simple.

142. *Dessiner un bouclier*, fig. 120.

Le bouclier était une arme defensive que les anciens passaient dans leur bras gauche, au moyen de courroies. Il avait des formes très différentes : tantôt il était rond, tantôt il était ovale, tantôt il était un carré long. Celui de la fig. 120 est d'une forme elliptique ou ovale, ayant au centre une couronne et des clous à l'entour.

L'élève tracera une ellipse, et distribuera les douze clous à des distances égales sur le bord du bouclier.

143. ***Dessiner un carquois,*** fig. 121.

« Le carquois et les flèches étaient l'attribut de plu-
« sieurs divinités de la fable. »

Une verticale divisera le carquois en deux moitiés symétriques. Les flèches, les feuilles, l'anneau, les petits enroulements, doivent être dessinés légèrement et sans dureté.

144. ***Dessiner un flambeau,*** fig. 122.

« Le modèle de flambeau que nous offrons ici était
« un symbole dans les cérémonies religieuses des an-
« ciens; on le retrouve dans une foule de monuments. »

Les deux emblèmes ci-dessus sont souvent employés dans les fêtes et dans les peintures de décors : c'est ce qui nous a engagé à les donner dans notre atlas. Ils n'offrent d'ailleurs aucune difficulté dans l'exécution. La vérification consiste plutôt dans l'examen des détails d'ornements que dans les lignes à tracer.

145. ***Dessiner une amphore***, fig. 123.

« L'amphore était un grand vase de terre, qui, chez
« les anciens, tenait lieu de tonneaux pour conserver le
« vin. Ce vase avait deux anses; il était terminé en poin-
« te dans sa partie inférieure, pour être enfoncé en
« terre.

« On marquait sur chaque amphore l'année du con-
« sulat sous lequel le vin avait été recueilli, et le maître
« apposait son cachet sur le couvercle, pour que l'on ne
« pût l'ouvrir sans sa volonté. »

Comme cette figure est symétrique, on élèvera une verticale qui divisera l'amphore en deux moitiés. La construction est extrêmement simple.

146. ***Dessiner un trépied antique***, fig. 124.

« Ce trépied était d'airain; il était employé dans les
« cérémonies religieuses. »

Cette figure peut être divisée par une verticale en deux

moitiés symétriques; elle est d'une forme élégante, et composée de détails qu'il faut exécuter avec goût.

147. *Dessiner un siége*, fig. 125.

Ce siége, nommé pliant, est sans bras ni dossier; il est emprunté aux anciens, et adopté aujourd'hui pour certains appartements destinés à la conversation, tels que les *boudoirs* et les *parloirs*. Sa forme est gracieuse et commode, et l'on y est fort bien assis.

L'élève tracera des arcs de cercles opposés et tangents, qui serviront à construire les pieds du pliant. La ligne du haut est légèrement creusée en arc. On terminera en dessinant les petits cercles à l'extrémité des pieds, les ornements, et la frange qui retombe sur une partie des arcs supérieurs.

148. *Dessiner un sablier*, fig. 126.

Les anciens se servaient, pour marquer les heures, d'horloges à sable, nommées *sabliers* ou *sables*, et d'horloges à eau, nommées *clepsydres*. Les clepsydres avaient des formes très variées. La chute d'une certaine quantité d'eau à travers un petit orifice indiquait les différentes heures.

Le sablier ou sable, que représente la figure 126, se compose de deux fioles réunies par le gouleau. Le sable mettait un temps déterminé à tomber de celle du haut dans celle du bas, au moyen d'une très petite ouverture. On retournait alors le sablier, et par ce moyen on avait une division assez exacte du temps. Mais combien ces machines imparfaites sont loin de nos pendules, qui marchent quinze jours, et même un mois, avec une régularité admirable!

Cette figure se compose de deux moitiés symétriques, que l'on sépare par une verticale. Les supports doivent être faits avec soin et composés de deux renflements parfaitement égaux.

149. *Dessiner un vase antique*, fig. 127.

Ce vase était employé dans les celliers, comme celui de la fig. 123. (Le cellier est un rez-de-chaussée moins profond que les caves, où l'on conserve les vins.) Il est d'une forme différente, et appuyé sur un pied. Cette sorte de vase convenait à des particuliers riches pour y conserver des vins précieux. Souvent ils étaient ornés de guirlandes de pampre et de grappes de raisin.

On élèvera, pour la construction et la vérification de cette figure, une verticale qui divise le vase en deux parties symétriquement égales. Après avoir tiré l'horizontale supérieure, on tracera de chaque côté la courbe qui aboutit au pied, et on dessinera les ornements.

150. *Dessiner un siége antique.* fig. 128.

Ce siège est tiré des monuments antiques du Musée. On n'en connaît pas parfaitement la destination. Il peut donner une idée des chaises curules dont se servaient les premiers magistrats de Rome.

On retrouvera dans cette figure la palmette ; on y voit aussi des pieds de chimère surmontés de spirales.

Nous n'avons aucun tracé géométrique à indiquer ; il suffit de dessiner exactement toutes les parties, en commençant par le haut.

151. *Dessiner une lampe antique*, fig. 129.

Cette lampe est d'une forme simple : l'anse est figurée par un serpent, qui était un emblème de la prudence et du mystère ; le couvercle est surmonté d'un gland.

152. *Dessiner une lampe athénienne*, fig. 130.

Cette lampe est simple dans son contour. L'anse, ornée d'une rosace, est du meilleur goût. Le couvercle, déprimé, est presqu'à fleur du corps de la lampe. Ce modèle grec est adopté aujourd'hui par les lampistes, qui l'ont transformé en *veilleuse*, ou petite lampe de nuit.

CHAPITRE X.

Moulures.

153. Les vases et monuments antiques ont presque tous des pieds et des montants qui comportent des moulures : nous devons en faire connaître les proportions, pour que les élèves puissent les exécuter avec précision.

154. *Dessiner la moulure de la fig.* 131.

Elle se compose de plusieurs parties :

1. Le congé, c'est un quart de cercle.
2. L'orle, ou ceinture.
3. La baguette.
4. Le tore.

Voici les proportions de cette moulure, employée principalement pour la base des colonnes.

Le tore double de la baguette ;

La baguette double de l'orle.

Avec ces proportions il est facile de tracer les quatre horizontales.

L'orle se termine par une verticale, la baguette et le tore par des demi-cercles.

155. *Dessiner la moulure de la fig.* 132.

La fig. 132 se compose de deux parties :

1. Le listel.
2. Le cavet, c'est un quart de circonférence.

156. *Dessiner la moulure de la fig.* 133.

Cette moulure se compose de trois parties :

1. Filet.
2. Scotie.
3. Filet.

Elle est plus difficile à tracer que les précédentes.

La courbe est de celles qu'on nomme *courbes à deux centres.*

Pour l'obtenir, on décrit d'abord le quart de circonférence CD, du centre A, qui se trouve sur la verticale abaissée de l'extrémité du filet. On divise par la pensée le rayon AC en deux parties égales, et l'on recule le centre A d'une de ces parties, ce qui donne le centre B. De ce centre et avec le rayon BC on décrit un nouveau quart de circonférence aboutissant d'une part au point C, et de l'autre à l'extrémité du filet servant de base.

La courbe se nomme *scotie.* Quelquefois cette courbe est tracée à trois centres pour lui donner plus de longueur, comme on peut le remarquer dans les vases *Médicis.*

157. *Dessiner la moulure de la fig.* 134.

Cette moulure se compose de cinq parties :

1. Filet.
2. Quart de rond.
3. Baguette.
4. Orle.
5. Congé.

On peut faire remarquer que le filet est en saillie ; que le quart de rond est, comme l'indique son nom, un quart de circonférence ; que la baguette est terminée par une demi-circonférence ; que l'orle est, en épaisseur, la moitié de la baguette, et que le congé est un quart de circonférence rentrant.

158. *Dessiner la moulure de la fig.* 135.

Cette moulure se compose de deux parties :

1. Filet.
2. Talon droit.

Pour cette construction on prend à l'œil trois distances égales *ab*, *ac*, *cb*, et du point *b*, comme centre, on décrit un arc de cercle jusqu'en *c* ; on prolonge *bc* jusqu'en *d*, de manière que *dc* égale *cb ;* du point *d*, pris pour centre, on décrit un arc de cercle jusqu'en *e*, de manière que la distance *ce* soit égale à *ed*.

159. *Dessiner un talon renversé*, fig. 136.

Cette construction est basée sur le même principe que la fig. 135.

On prend trois distances égales, *ab*, *ac*, *cb*, et du point *b* on décrit un arc de cercle jusqu'en *c*. On prolonge *bc*, on prend *dc* égale à *bc*, et du point *d* comme centre on décrit un second arc jusqu'en *e*, que l'on détermine en prenant la distance *ce* égale à *cd* et à *de*.

160. *Dessiner une doucine renversée*, fig. 137 :

1. Listel : c'est une moulure carrée.
2. Doucine renversée.
3. Listel.

Pour construire cette moulure, on tire l'oblique *ae*. On la partage en deux parties égales au point *b*. On élève sur le milieu de *ab* une perpendiculaire indéterminée. Par le point *b* on mène une oblique plus ou moins inclinée, selon la forme que l'on veut donner à la doucine. Le point *c* de rencontre de la perpendiculaire et de l'oblique *bc* est le centre de l'arc *ab* que l'on décrit avec le rayon *ca*. On prolonge *cb* et on prend *bd* égale à *cb*. Du point *d* comme centre on décrit la seconde partie de la doucine jusqu'en *e*.

161. *Dessiner un doucine droite*, fig. 138.

La doucine droite ou cymaise se compose de trois parties :

D'un règlet,
D'une cymaise,
D'un filet.

Quoique cette construction soit fondée sur le même principe que les moulures précédentes, nous n'en donnerons pas moins l'explication pour les élèves qui ne saisissent pas facilement les rapports d'une figure à une autre.

Tirez l'oblique *ae* dans l'inclinaison que vous voulez donner à la cymaise. Divisez cette ligne en deux parties égales au point *c*. Sur le milieu de *ac* élevez une perpendiculaire et tirez l'oblique *cb*, qui détermine le point *b*. De ce point comme centre, et avec un rayon *ba*, décrivez l'arc de cercle *ac*, prolongez *bc*, et prenez *cd* égale à *cb*. Du point *d* comme centre, et avec un rayon *dc*, décrivez l'arc *ce* qui termine la cymaise.

On pourra faire remarquer aux élèves que la doucine et le talon renversé sont les mêmes figures dans un ordre inverse ; qu'il en est de même du talon droit et de la cymaise.

Les moulures que nous avons indiquées sont les moulures géométriques ; elles sont susceptibles de recevoir des ornements.

C'est le goût qui doit réclamer ces embellissements : les feuilles d'acanthe, les arceaux, les oves, etc., rendent les moulures plus riches.

Dans certains cas, une noble simplicité est préférable à tous les ornements.

Quelquefois aussi trop de simplicité ne serait pas en harmonie avec la destination des bâtiments et des palais auxquels appartiendraient les moulures.

162. *Dessiner la fig.* 139.

C'est un quart de rond orné d'oves (du mot latin *ovum*, œuf) et d'une feuille d'acanthe.

163. *Dessiner la figure* 140.

C'est un talon droit orné de feuilles d'acanthe et d'arceaux.

Le maître pourra faire appliquer ces ornements ou d'autres analogues sur toutes les espèces de moulures.

CHAPITRE XI.

Application des moulures au dessin des vases, et de quelques monuments antiques.

164. *Dessiner le vase antique*, fig. 141.

Pour dessiner les vases, il faut élever une verticale, et tâcher de faire les deux moitiés parfaitement semblables, et égales par symétrie.

Les élèves ne peuvent pas s'attendre *à faire du premier coup;* ils recommenceront, ils retoucheront bien des fois avant d'arriver à une copie irréprochable. Il faut une grande adresse et une grande habitude pour tracer d'une main ferme ces belles lignes de contour qui font le mérite des vases antiques, et qui excitent l'admiration des vrais connaisseurs.

La figure 141 représente un vase grec.

Les élèves reconnaîtront dans les moulures le quart de rond, la scotie, la baguette et le listel. Le couvercle est surmonté d'un bouton orné.

165. *Dessiner un vase avec anses*, fig. 142.

Ce vase est de forme grecque. On dessinera d'abord le contour; les ornements sont simples; la partie inférieure de l'anse est terminée par une pomme de pin; le bouton du couvercle est à filets.

166. *Dessiner le vase étrusque de la fig.* 143.

Les vases étrusquee sont très recherchés par les amateurs; ils sont en général de formes élégantes et gracieuses, et ornés de dessins et de peintures.

Le vase de la fig. 143 est à anses. On place ordinairement les figures noires, qui ressortent sur un fond rougeâtre, dans la bande qui se trouve au milieu. Les vases étrusques sont bien des vases grecs, mais c'est un genre moins sévère, et qui cependant plaît généralement.

167. *Dessiner le vase étrusque de la fig.* 144.

Ce vase est d'une forme plus élégante que le précédent ; les ornements en sont aussi d'une exécution plus difficile.

Les anses, ornées de rosaces, ont une légèreté remarquable.

168. *Dessiner le vase de la fig.* 145.

Nous avons donné à ce vase une plus grande dimension pour que les élèves puissent y reconnaître plus facilement les moulures, et dessiner plus exactement les ornements, qui échappent à l'attention quand ils sont très petits.

Quand la ligne de contour sera purement tracée, les élèves dessineront les anses ornées de rosaces, les oves, les trèfles et les feuilles.

On peut donner ce vase comme sujet de composition.

Les enroulements du milieu du vase sont d'une forme agréable.

169. *Dessiner le tombeau de la fig.* 146.

Ce tombeau, de forme antique, est adopté de nos jours, et beaucoup de tombes modernes sont construites dans cette proportion. Simple, de bon gout, et d'une exécution peu dispendieuse, il est facile d'en augmenter ou d'en diminuer les ornements. Celui que nous donnons comme modèle a une guirlande, une couronne et des coins sculptés.

On voit au Père-Lachaise, cimetière de Paris, des tombeaux qui, par la beauté des contours, la richesse des ornements et la valeur des matériaux, sont de véritables monuments d'architecture. L'illustre sculpteur Canova n'a pas dédaigné de prêter le talent de son ciseau à la décoration d'un magnifique tombeau en marbre, objet d'admiration pour tous les étrangers qui viennent visiter le Père-Lachaise.

170. *Dessiner le tombeau de la fig.* 147.

Ce tombeau est beaucoup plus riche en ornements que le précédent. Les moulures sont décorées de feuilles et de guirlandes. Les coins sont des torches funéraires où viennent s'attacher les guirlandes qui encadrent l'épitaphe.

Ce tombeau, de dimensions appropriées à son objet, et qui ne conviendrait plus au mode actuel d'inhumation, était destiné à recevoir des urnes funéraires; ces urnes renfermaient les cendres des morts. On sait que les Grecs et les Romains brûlaient les cadavres sur un bûcher, et en recueillaient les cendres.

CHAPITRE XII.

Applications des ornements à quelques ouvrages de construction.

171. Les *rampes d'escalier* sont liées à la première marche par un *pilastre* (*pilier orné*). Ce pilastre est surmonté ordinairement d'un *couronnement* en cuivre ; les piliers des portes cochères des maisons de campagne sont terminés par le même couronnement d'une grande dimension en bronze ou en plâtre.

On peut appliquer ces couronnements à beaucoup d'objets d'art de petites dimensions.

Nous n'entrerons plus dans des détails minutieux sur la construction et la vérification des figures, ce que nous avons dit jusqu'à présent suffit pour diriger les élèves et les maîtres.

172. *Dessiner un couronnement en forme de vase*, fig. 148.

On pourra faire dessiner ce vase en grand, mais alors il faudra lui donner plus d'ampleur au centre; sans cela les proportions paraîtraient maigres.

Dessiner un couronnement en forme de gland, fig. 149.

Dessiner un couronnement en pomme de pin, fig. 150.

Dessiner une boule placée sur son piédouche, fig. 151.

Le piédouche est une base avec moulures.

173. *Dessiner une grille terminée en fer de lance*, fig. 152.

Les grilles de fer sont composées de barreaux ronds, maintenus par des traverses dans lesquelles ils entrent, et terminés par des ornements qui servent en même temps de défense.

La fig. 152 représente une portion de grille terminée en fer de lance. Ces fers de lance sont pointus à leur extrémité, pour empêcher de franchir la grille.

174. *Dessiner une grille terminée en pomme de pin*, fig. 153.

Cette espèce de grille, assez jolie quand les pommes de pin sont dorées, convient spécialement aux boutiques de marchands de vin.

175. *Dessiner une grille terminée en culots à pointe*, fig. 154.

Cet ornement représente une pointe entourée, à la base, d'une espèce de feuilles en forme de culots. Cette grille est d'un bel effet ; elle est destinée à des bâtiments publics.

176. *Dessiner une grille terminée en culots*, fig. 155.

Les grilles à culots sont plus riches encore que les précédentes; elles sont très en vogue aujourd'hui, et cependant elles sont moins propres à servir de défense.

177. *Dessiner une grille en fer de pique*, fig. 156.

Cette grille, de forme ancienne, est encore fort jolie, surtout quand les fers de pique sont dorés.

Les grilles pour devanture se paient 90 fr. le cent, les ornements comptés à part.

178. *Dessiner une rampe d'escalier*, fig. 157.

Cet escalier est dit *à l'anglaise* Son mérite consiste dans l'élégance et la légèreté. Ce genre d'escalier est très en usage dans les constructions modernes, parce qu'il ne charge pas les gros murs, et n'exige pas des masses de charpente, comme les anciens escaliers.

La rampe de cet escalier, dite aussi à l'anglaise, est composée de barreaux accouplés par des ogives.

Nous n'avons rien mis sur le piédestal, pour que le maître pût choisir le couronnement parmi les fig. 148, 149, 150, 151.

179. *Dessiner une grille de jardin*, fig. 158.

Les châssis du haut sont des carrés avec croisillons de fer et boutons au milieu ; les châssis du bas sont des rectangles plus haut que larges, également croisés avec boutons. La grille est surmontée de culots à pointe. Elle est solide et elégante, et convient à des maisons de campagne riches.

180. *Dessiner une grille de galerie*, fig. 159.

Cette grille est riche de détails et d'ornements : les ornements sont en cuivre doré, ou en couleur vert antique. Elle convient à un palais ou à un château.

CHAPITRE XIII.

Modèles de balustres et de maisons.

181. ***Dessiner un balustre et une portion de balcon,*** fig. 160.

Les balcons de croisée et les terrasses sont appuyés sur des *balustres*. Ce genre de décoration est destiné à de belles maisons.

Le balustre n'est pas un ordre régulier d'architecture: car on peut, selon l'espace, lui donner des formes plus ou moins élancées. Il faut convenir même que le renflement trop fort que l'on avait adopté pour les balustres les rendait massifs et peu agréables à l'œil. Le diamètre du renflement ne doit jamais excéder le tiers de la hauteur du balustre, mais il produit un meilleur effet quand il n'est que le quart de cette hauteur.

Le premier balustre, dans les fig. 160 et 161, indique la construction géométrique qu'il faut suivre pour diminuer les difficultés de ce genre d'ornements.

Nous ne comprenons pas très bien pourquoi les balustres ont été attaqués et le sont encore par des architectes et des ingénieurs d'une certaine école : le Louvre, le Palais-Royal sont entourés de balustres à un renflement qui produisent un très bel effet. Dans les nouvelles constructions du Palais-Royal, M. Fontaine n'a pas hésité à employer les balcons à balustres pour border la terrasse qui fait le tour de la cour attenant à la galerie vitrée, et tous les gens de goût ont payé à M. Fontaine un juste tribut d'éloges.

L'appui est le plus ordinairement en pierre, comme la balustrade.

On distingue dans le balustre, fig. 160, *l'appui*, au-dessous le *tailloir;* puis le *quart de rond*, le *filet*, le *gorgerin*, l'*astragale* et son *filet*, le *col*, le *renflement*, la *baguette* et son *filet*, la *scotie*, le *filet* et le *tore*, et la *plinthe*.

Quand les balustres sont destinés à cacher le toit d'une maison ou à entourer une galerie élevée, il faut les faire reposer sur un socle, qui peut être du quart de la hauteur du balustre.

182. ***Dessiner un balustre à deux renflements, et une portion de balcon***, fig. 161.

Ce genre de balustres convient pour des rampes d'escalier intérieur.

183. ***Dessiner une devanture de boutique,*** fig. 162.

Les beaux magasins de Paris et des premières villes du royaume ont des devantures disposées avec autant de goût que d'élégance.

Les deux modèles que nous donnons sont du genre le plus moderne.

La façade de boutique, fig. 162, est ornée de pilastres et d'un entablement d'ordre dorique. La porte se trouve au milieu; elle est surmontée d'un jour de la forme d'un carré, et fermé par un châssis à croisillons de fer avec bouts en cuivre doré. On a eu soin de donner à la frise la plus grande longueur qu'il a été possible pour y placer le nom du marchand et la désignation de son commerce. La disposition des fenêtres est très agréable à l'œil, et très avantageuse pour les objets exposés aux regards du public. On emploie ordinairement, au lieu de vitres ordinaires, de belles glaces ou du verre de Bohême épais ; les séparations sont en baguettes de cuivre.

184. La boutique, fig. 164, est décorée beaucoup plus richement que la précédente. Sa façade est composée de trois travées formées par des pilastres d'ordre corinthien.

La travée du milieu, plus étroite que les deux autres,

sert d'entrée. Celles des deux côtés sont divisées en trois parties par de petites colonnes terminées en bas par un culot orné de feuilles, et supportant dans le haut la retombée d'arcades. Les montants sont en bronze doré, et l'espace qui se trouve entre eux est ordinairement fermé par une grande glace d'un ou de deux morceaux.

Les ornements au-dessus de la porte sont en cuivre doré.

Dans plusieurs riches magasins on garnit tous les soubassements des colonnes, jusqu'à terre, en cuivre poli, qu'il faut entretenir avec une extrême propreté.

Nous n'avons aucune règle à prescrire pour la construction des figures de ce tableau; il ne s'agit que d'élever un certain nombre de verticales et de tirer des horizontales convenablement espacées.

185. La fig. 163 représente la façade d'une jolie petite maison de campagne qui doit être précédée d'un jardin. Devant le corps de logis se trouve un porche soutenu par des piliers carrés, et qui, au premier étage, sert de terrasse. On monte par des marches dont les socles supportent des vases de fleurs.

Le soubassement de la maison est formé de blocaille apparente; il sert d'appui à des fenêtres terminées en demi-cercle.

Les angles sont fortifiés par des chaînes verticales dont les pierres sont disposées en carreaux et boutisses.

Cette maison de campagne serait encore d'un plus joli aspect, si, en la dessinant, on en doublait ou triplait toutes les proportions.

186. La fig. 165 représente le *plan*, l'*élévation* et une partie de la *coupe* d'une maison de location.

Elle contient, au rez-de-chaussée, trois boutiques dont le plancher supérieur se trouve de niveau avec la chaîne horizontale nommée *imposte*, et sur laquelle reposent les arcades.

L'entresol est éclairé par des jours pratiqués dans la partie circulaire; au-dessus se trouve le premier étage, qui se distingue par des fenêtres ornées de chambranles; celle du milieu est de plus surmontée d'une frise et d'une corniche Le deuxième étage n'a que des fenêtres simples. On doit remarquer que les milieux des *baies* se trouvent tous dans la même verticale, pour éviter que les pleins ne reposent sur des vides, ou encore pour qu'il n'y ait pas de porte-à-faux, vices très ordinaires dans les maisons de Paris, et auxquels on peut attribuer en grande partie leur peu de durée. Les baies allant en décroissant de largeur, il arrive que les espaces qui se trouvent entre elles, appelés trumeaux, vont au contraire en augmentant. Les strictes lois de l'équilibre sembleraient exiger une disposition contraire; mais l'usage, d'accord avec les convenances et le goût, a consacré ce mode de construction. Chaque étage est marqué par une chaîne horizontale nommée *bandeau* ou *plinthe*, et le tout est couronné par un entablement dont la saillie de corniche repose sur des consoles. Un troisième étage est pratiqué dans les combles.

187. Il est nécessaire, pour donner une idée un peu exacte d'une maison, de représenter son ensemble et ses parties.

Le dessin de la façade d'un bâtiment se nomme *élévation*. Lorsqu'on ne représente qu'une seule élévation, on choisit ordinairement la façade principale. Ce plan donne une idée générale de l'ensemble.

Mais pour donner une idée des détails, il faut présenter des *coupes*. On suppose en effet que l'on coupe un bâtiment par des *plans horizontaux* et par des *plans verticaux*.

La coupe faite par le plan horizontal se nomme *plan géométrique*. On fait plusieurs plans *géométriques: le plan des caves*, *le plan du rez-de-chaussée*, et les plans des autres étages.

Dans la fig. 165 nous n'avons donné que le plan du rez-de-chaussée: il suffit pour donner une idée des autres plans, qui sont tout-à-fait du ressort de l'architecture.

Les plans verticaux se nomment *coupes verticales* ou *profils*. Ces profils donnent une idée juste de la distribution intérieure.

Nous n'avons indiqué qu'une partie du profil de la maison, fig. 165.

188. La figure 166 représente également une maison en plan, en coupe et en élévation. Cette maison est plus petite que la précédente.

On y entre par une porte bâtarde ornée de consoles. Les fenêtres du rez-de-chaussée reposent sur un soubassement, et celles du premier étage sur une *attique*. La corniche qui la termine est précédée d'une moulure nommée *astragale*, qui sert à lui donner plus de légèreté.

189. Sans vouloir entrer dans des détails approfondis d'architecture, nous allons dire quelques mots de la construction des maisons.

Avant de construire, il faut creuser les fondations. Si le terrain est solide, on peut asseoir les fondations aussitôt que l'on trouve un fonds résistant. On dispose à cet effet des moellons non taillés ou des quartiers de pierre dure qu'on nomme *libages*. Sur cette première assise on place des moellons durs, liés ensemble par du mortier de chaux et de sable. On élève ensuite les caves, et enfin les murs des bâtiments.

Si le sol résistant ne se trouve pas lorsqu'on a creusé suffisamment pour placer les caves, alors on est réduit ou à bâtir *sur pilotis*, c'est-à-dire à placer les libages sur des pièces de bois enfoncées verticalement dans le terrain; ou à bâtir sur *plate forme*, c'est-à-dire à faire une espèce de plancher avec de grosses pièces de bois horizontales.

Les murs doivent être plus ou moins forts, selon les charges qu'ils sont destinés à soutenir. On élève en conséquence des chaînes verticales ou assises de pierre de taille, plus longues et plus dures que les autres, pour soutenir les planchers. Ces chaînes descendent jusqu'au bas des fondations; elles sont unies entre elles par des chaînes horizontales à la hauteur des planchers.

Les *murs de face* sont plus épais que ceux qui les traversent à angles droits dans l'intérieur, et que l'on nomme *murs de refend.*

Nous ne parlerons pas des différentes espèces de charpentes employées dans la construction : le grand nombre d'expressions techniques qu'il nous faudrait nécessairement employer surchargerait trop la mémoire.

Quand les murs et la charpente sont préparés, on divise chaque étage en chambres au moyen des cloisons.

Les cloisons sont *simples*, *pleines*, ou *creuses*.

Les cloisons simples sont hourdées, c'est-à-dire maçonnées grossièrement avec des platras et du mortier ou du plâtre ; on les recouvre, à fleur des poteaux, d'un *enduït* de plâtre.

Les cloisons pleines sont hourdées et lattées des deux côtés. C'est sur les lattes que se pose l'enduit.

Les cloisons creuses ne sont pas hourdées. On pose des lattes sur les poteaux de remplissage, et on enduit pardessus.

Outre ces cloisons, qui ont ordinairement 6 à 7 pouces d'épaisseur, il y a encore des cloisons légères, qui se font en briques, en grands carreaux de plâtre, ou en planches de bateau.

Les portes ont de chaque côté des poteaux qu'on nomme *poteaux d'huisserie.* Les pièces de bois qui forment la partie supérieure des croisées se nomment *linteaux.*

Quant aux cheminées, on les construit en briques, en pierre, ou en plâtre ; elles sont toujours composées de deux *jambages*, d'un *manteau* qui réunit les jambages, et d'un *tuyau* pour conduire la fumée.

Il faut éviter de placer l'âtre d'une cheminée sur une pièce de bois : on laisse à cet effet dans le plancher un vide que l'on nomme *trémie.* Ce vide est rempli par deux ou trois barres de fer sur lesquelles on hourde des platras. C'est sur ce hourdis que l'on applique le foyer en pierre. Au fond de la cheminée on adapte une plaque de fonte.

Les jeunes gens qui auront compris ces premiers éléments, et qui désireraient avoir des détails plus étendus, pourront s'adresser aux architectes, aux maîtres maçons, aux charpentiers et aux menuisiers, qui se feront la plupart un vrai plaisir de compléter ou de rectifier leurs idées.

DESSIN LINÉAIRE GRAPHIQUE.

CHAPITRE XIV.

Tracé géométrique.

190. Personne ne révoque en doute l'importance du dessin à vue et sans instruments. On comprend en effet combien il est utile de rendre sa pensée rapidement par un tracé plus ou moins juste, mais suffisamment régulier pour être compris par tous ceux qui le verront.

Quelque habiles cependant que la pratique puisse nous rendre, il faut convenir qu'un dessin à vue n'est toujours qu'une *approximation*.

Dans l'exécution des arts, il faut des dessins exacts, et les instruments seuls peuvent les fournir. Il est donc très important aussi de savoir tracer un dessin à la règle, au compas et avec les autres instruments employés habituellement.

Nous allons indiquer plusieurs constructions géométriques qui suffiront pour les figures des dix-huit premiers tableaux de notre atlas.

191. *Ligne droite.* Pour tracer une ligne droite sur le papier, il n'y a d'autres précautions à prendre que de bien assujettir sa règle, et de faire glisser le crayon, la plume ou le tire-ligne, le long de son arête inférieure par un mouvement régulier.

Si l'on se sert d'une plume, et que le bec touche l'arête de la règle, on s'expose à faire des taches : on est donc obligé d'appuyer la plume le long de l'arrête supérieure, et de tenir ainsi le bec à une certaine distance de l'arête inférieure. Mais on sent combien il est difficile de conserver cette distance bien égale.

Aussi est-il impossible de se servir d'une plume pour tracer une très longue ligne; il faut absolument recourir au tire-ligne.

Pour se servir d'un tire-ligne, il faut quelques précautions. On introduit avec une plume plusieurs gouttes d'encre entre les palettes, que l'on essuie bien à l'extérieur, et on serre la vis de manière à avoir la grosseur de ligne que l'on désire.

Cet instrument est très commode, mais il demande beaucoup de propreté; il ne faut jamais y laisser séjourner l'encre, il faut le nettoyer souvent, et, quand on ne s'en sert plus, tenir les palettes séparées.

192. *Circonférence.* Pour tracer une circonférence d'un rayon donné, on prend une ouverture de compas égale à ce rayon. On appuie légèrement une des pointes du compas en O, fig. 167, et on fait tourner circulairement l'autre pointe, qui trace la courbe appelée circonférence.

AB, BC, AC, sont des *arcs*. AB, qui unit les extrémitée de l'arc AB, s'appelle *corde*. Pour distinguer l'arc de la corde à la seule dénomination, on nomme l'arc par trois lettres : ainsi l'on dira l'arc ADB et la corde AB.

193. *Faire un angle égal à un angle donné.* — Soit l'angle donné BAC, fig. 168. Du point A comme centre et avec un rayon à volonté, décrivez l'arc de cercle BC, terminé aux deux côtés de l'angle.

Du point D, extrémité de la droite DE, et avec une ouverture de compas égale à AC, décrivez un arc indéfini. Prenez une ouverture de compas égale à BC, et du point E, comme centre, décrivez un arc qui coupera l'arc indéfini en F. Joignez F et D, et l'angle EDF, fig. 169, est égal à l'angle BAC.

Ces deux angles sont égaux, car ils interceptent entre leurs côtés le même arc de cercle.

194. *Elever une perpendiculaire sur une droite donnée, et diviser cette droite en deux parties égales.* — Soit la droite AB, fig. 170, qu'il faut diviser en deux parties égales, en élevant une perpendiculaire au milieu. Des points A et B, et avec une ouverture de compas plus grande que la moitié de AB, décrivez deux arcs de cercle au-dessus de AB et deux autres au-dessous. Joignez par une droite les intersections C et D : la droite CD sera la perpendiculaire demandée, car elle divisera AB en deux parties égales au boint E.

195. *Diviser un angle donné en deux parties égales.*— L'angle donné est BAC, fig. 171. Du sommet A, et avec une ouverture de compas à volonté, je décris l'arc de cercle EF. Des points E et F, etavec une ouverture de compas à volonté, mais plus grande que la moitié de la corde EF, je décris deux arcs de cercle qui se coupent en D. Tirez DA, l'angle sera divisé en deux parties égales.

196. *D'un point donné hors d'une droite abaisser une perpendiculaire sur cette droite.* — Soit AB la droite indéterminée, et C le point d'où il faut abaisser une perpendiculaire, fig. 172. De ce point comme centre, et avec une ouverture de compas plus grande que la distance de ce point à la ligne, décrivez un arc de cercle qui déterminera les deux points A et B. De ces deux points comme centre, et avec une ouverture de compas à volonté, décrivez deux arcs de cercle dont l'intersection sera le point D. Tirez DC : c'est la perpendiculaire demandée.

197. *D'un point donné sur une droite élever une perpendiculaire sur cette droite.*—AB est la droite donnée, C est le point où il faut élever la perpendicnlaire, fig. 173.

Du point C, et avec une même ouverture de compas, déterminez les points D et E, à égale distance de C. De ces points D et E, et avec une ouverture de compas plus grande que DC, décrivez deux arcs de cercle qui se couperont en F. Joignez F et C : la ligne FC sera la perpendiculaire demandée, puisqu'elle passera par le point donné C.

198. *Elever une perpendiculaire à l'extrémité d'une*

droite. — Si l'on veut élever une perpendiculaire au point A de la droite AB, fig. 174, on prolonge BA jusqu'en C; on détermine avec une même ouverture de compas les distances égales AB, AC. Des points C et B, avec une ouverture de compas plus grande que CA, on décrit deux arcs de cercle dont l'intersection donne le point D : la ligne DA est la perpendiculaire demandée.

(Nous disons que l'ouverture de compas doit être plus grande que CA, fig. 174, parce qu'en effet, si l'ouverture était égale à CA, les deux arcs de cercle se confondraient en A, et si elle était plus petite que CA, les deux arcs de cercle ne se rencontreraient pas.)

199. *Elever une perpendiculaire à l'extrémité d'une droite qui ne peut être prolongée.* — Supposons la ligne AB, fig. 175, à l'extrémité A de laquelle on doit élever une perpendiculaire, sans pouvoir la prolonger. Prenez un point O à volonté. De ce point, et avec un rayon égal à OA, décrivez un grand arc de cercle qui coupera la droite AB en C. Joignez O et C; prolongez la droite jusqu'en D, où elle rencontrera l'arc de cercle. Si vous joignez les points D et A, la ligne DA sera la perpendiculaire demandée.

200. *Autre construction pour élever une perpendiculaire à l'extrémité d'une droite qui ne peut être prolongée.* — Du point A, fig. 176, et avec une ouverture de compas à volonté, tracez un grand arc de cercle, portez la même ouverture de compas de C en D, et du point D décrivez un arc de cercle dans la direction CD et avec le même rayon. Si on joint le point C au point D, et qu'on prolonge cette droite jusqu'à sa rencontre en E avec l'arc de cercle, la ligne EA sera la perpendiculaire demandée.

201. *L'équerre* et le *rapporteur* sont deux instruments qui servent à tracer les perpendiculaires.

Pour mener une perpendiculaire au moyen de l'équerre, il suffit de placer un des côtés de l'angle droit très exactement sur la ligne donnée, et de faire glisser une pointe de crayon, une plume, ou un tire-ligne, le long de l'autre côté de l'angle droit.

Si on se sert du rapporteur, on place le centre sur le point de la ligne où on veut élever une perpendiculaire, et quand le diamètre du rapporteur coïncide exactement avec la droite donnée, il ne s'agit plus que de marquer sur le papier le point du limbe correspondant à 90 degrés ou à 100 grades, selon la division du rapporteur. Ce point, joint avec celui qu'occupait le centre de l'instrument, fournit la perpendiculaire demandée.

Ces deux procédés ne sont que graphiques, mais donnent de bons résultats quand les instruments sont exacts.

202. *Par un point donné mener une parallèle à une droite donnée.* — Soit le point C par lequel on veut mener une parallèle à la droite AB, fig. 177. Tirez une oblique quelconque CB, et construisez au point C un angle BCD égal à l'angle ABC (193). La droite CD est la parallèle demandée.

203. *Autre construction pour mener, par un point donné* C, *une parallèle à une droite donnée.* — Par un point quelconque de la droite AB, fig. 178, et avec un rayon terminé en C, décrivez une demi-circonférence qui passera par le point C; du point F, avec un rayon égal à la corde EC, décrivez un arc de cercle qui coupera la demi-circonférence en D : la droite qui passera par les points C et D sera la parallèle demandée.

Dans la pratique, on se sert d'un instrument très commode pour mener des parallèles. Il est composé de deux règles qui s'écartent parallèlement l'une de l'autre, et qui donnent un moyen aussi prompt que facile de mener autant de parallèles que l'on veut.

204. *Diviser une droite donnée en plusieurs parties égales*, fig. 179. — Supposons que l'on veuille diviser la droite AB en sept parties égales. Par le point A tirez une droite indéterminée AC sous un angle quelconque avec AB. Portez sept fois sur AC une ouverture de compas à volonté AE, jusqu'en D, que l'on joint à B par la droite

DB. Par les points de division de la droite AD menez des parallèles à DB (202 et 203), et la droite AB sera divisée en sept parties égales.

205. Dans la pratique on se sert souvent d'un compas pour diviser, par le tâtonnement, une droite en parties égales ; mais ce procédé, utile et expéditif quand il s'agit d'une approximation, ne saurait convenir à une opération exacte.

206. *Construire un triangle équilatéral.* — Prenez une base quelconque AB, fig. 180. Des points A et B, avec une ouverture de compas égale à AB, décrivez deux arcs de cercle qui déterminent le point C par leur intersection. Tirez CA et CB, et le triangle équilatéral ABC est construit.

207. *Construire un triangle isocèle.* — Soit AB la base du triangle isocèle que l'on veut construire, fig. 181. Des points A et B comme centre, et avec une ouverture de compas différente de AB, décrivez deux arcs de cercle dont l'intersection en C donne le sommet du triangle. Tirez CA et CB, et le triangle isocèle sera construit.

Si l'on prenait l'ouverture de compas égale à AB, ce serait la construction du triangle équilatéral.

Selon que l'on prendra l'ouverture de compas plus petite ou plus grande que AB, le triangle paraîtra déprimé ou élancé. On peut donner au triangle isocèle un nombre infini de formes différentes.

208. *Construire un triangle rectangle isocèle dont la base horizontale soit l'hypothénuse.* — Soit AB l'hypothénuse servant de base, fig. 182. Divisez la droite AB en deux parties égales, et tirez la perpendiculaire EF (194). Du point C comme centre, et avec un rayon égal à CA, décrivez une demi-circonférence qui coupera la perpendiculaire en F. Tirez FA et FB : le triangle AFB est rectangle en F, et de plus il est isocèle.

209. *Construire un carré.* — Sur AB, base du carré que l'on veut construire, fig. 183, et à son extrémité A on élève une perpendiculaire (199), sur laquelle on porte une ouverture de compas égale à AB, ce qui détermine le point C. Des points C et B, et avec la même ouverture de compas égale à AB, décrivez deux arcs de cercle qui se couperont en D. Tirez DC et DB, et le carré ABDC est construit.

210. *Construire un rectangle.* — Soit AB la base du rectangle, fig. 184. A l'extrémité A on élève une perpendiculaire (199), sur laquelle on détermine le point C à volonté, pourvu toutefois que AC ne soit pas égal à AB, ce qui donnerait un carré. Du point C comme centre, avec une ouverture de compas égale à AB, et du point B, avec une ouverture égale à AC, décrivez deux arcs de cercle qui se coupent en D. Tirez DC et DB, et le rectangle est construit.

211. *Construire un parallélogramme.* — Soit AB la base du parallélogramme, fig. 185. Au point A menez l'oblique AC plus grande ou plus petite que AB. Du point C, avec une ouverture de compas égale à AB, et du point B, avec une ouverture de compas égale à AC, décrivez deux arcs de cercle qui se couperont en D. Tirez DC et DB, et le parallélogramme est construit.

212. *Construire un losange.* — Même construction que la précédente, excepté que AC est égal à AB. Les quatre côtés de ce parallélogramme sont égaux, et de plus, les *diagonales* AD et CB se coupent à angles droits, tandis que dans le parallélogramme de la figure précédente les quatre angles ne sont égaux que deux à deux; savoir : COA égal à DOB; COD égal à AOB. Ces angles égaux deux à deux sont appelés *angles opposés au sommet.*

On peut, au moyen de ces premières notions du tracé au compas, dessiner les quatre premiers tableaux de l'Atlas. Il ne s'agit en effet que de mesurer des distances, d'élever des verticales, et de tirer des horizontales, opérations connues et très faciles quand on peut s'aider d'instruments.

Nous allons passer au tracé géométrique de la deuxième partie, relative au cercle et à l'ellipse.

213. *Retrouver le centre d'un cercle.* — Prenez trois points à volonté A, B, C, sur la circonférence donnée, fig. 187. Joignez les points A, B, C. Sur le milieu de la droite AB, elevez une perpendiculaire; élevez-en une autre sur le milieu de BC (194). L'intersection de ces perpendiculaires au point O donne le centre cherché.

On voit que la même construction doit être employée pour *faire passer une circonférence par trois points donnés non en ligne droite.*

214. *Inscrire dans un cercle un triangle équilatéral.* — Tirez le diamètre AB, fig. 188. Du point B comme centre, et avec une ouverture de compas égale au rayon du cercle, décrivez l'arc de cercle COD, qui détermine, par sa double intersection avec la circonférence, les points C et D; joignez C et D, et tirez AC et AD : ACD est le triangle équilatéral demandé.

215. *Inscrire dans un cercle un carré.* — Tirez le diamètre AB, fig. 189. Des points A et B avec une ouverture de compas à volonté, décrivez deux arcs de cercle, dont l'intersection donne un point que vous joindrez avec le centre O, ce qui détermine le point C; prolongez CO jusqu'à la rencontre de la circonférence en D. Joignez les points A, C, B, D : vous aurez le carré demandé.

216. *Inscrire dans un cercle un pentagone régulier.* —Sur le diamètre AB, fig. 190, élevez au centre le rayon perpendiculaire CI; divisez le rayon CB en deux parties égales par le procédé de la fig. 188, ce qui donnera le point G; du point G comme centre, et avec un rayon égal à GI, décrivez l'arc de cercle IH. La distance IH, qui est la corde de l'arc IH, est le côté du pentagone cherché.

217. *Inscrire dans un cercle un hexagone régulier.* — Portez six fois le rayon BO, fig. 191, de B en C, en D, etc., etc. : c'est le côté de l'hexagone cherché, que l'on obtiendra en tirant les droites BC, CD, etc., etc.

218. *Inscrire dans un cercle un heptagone régulier,*

ou polygone à sept côtés. — Même construction que dans la fig. 188. DE, fig. 192, est le côté de l'heptagone régulier.

219. *Inscrire dans un cercle un octogone régulier ou polygone à huit côtés.* — Inscrivez le carré comme dans la fig. 189; puis, des points C et B, fig. 193, décrivez, avec une ouverture de compas à volonté, deux arcs de cercle qui se coupent en E; tirez EO, ce qui déterminera le point F. La corde FB est le côté de l'octogone régulier; il ne s'agira plus que de porter huit fois cette distance sur la circonférence, et de tracer les côtés ou le périmètre du polygone.

220. *Inscrire dans un cercle un ennéagone régulier ou polygone à neuf côtés.* — Tirez le diamètre AB, que vous prolongerez en C, fig. 194. Au centre O, élevez la perpendiculaire OD (197), que vous prolongerez jusqu'en E. De l'extrémité du rayon comme centre, et avec une ouverture de compas égale au rayon du cercle, coupez la circonférence en F. Prenez le point E pour centre, et avec la distance EF tracez l'arc de cercle FG qui coupe le prolongement du diamètre en G. Du point G, comme centre, décrivez un arc de cercle DH. AH est le côté de l'ennéagone régulier; il ne reste plus qu'à le porter neuf fois sur la circonférence et à tracer les côtés de ce polygone.

221. *Inscrire dans un cercle un décagone regulier ou polygone à dix côtés.* — Même construction absolument que dans la fig. 190. HO, fig. 195, est le côté du décagone régulier. Il n'y a plus qu'à porter HO dix fois sur la circonference, et à tracer les côtés de ce polygone.

Voici encore un autre procédé : Inscrivez le pentagone régulier, fig. 190, et divisez en deux l'arc qui est soustendu par un des côtés du pentagone : la corde de la moitié de cet arc est le côté du décagone régulier.

222. *Inscrire dans un cercle un endécagone régulier, ou polygone à onze côtés.* — Tracez les deux diamètres perpendiculaires AB et CD, fig. 196, par le procédé de la fig. 189. Portez une ouverture de compas égale au rayon du cercle de C en E et de B en F. Du point E comme centre, et avec une ouverture de compas égale à EF, décrivez l'arc de cercle FG. Son intersection avec le diamètre détermine le point G ; la corde de l'arc FG est le côté de l'endécagone régulier. On le portera onze fois sur la circonférence, et on tracera les côtés de ce polygone.

223. *Inscrire dans un cercle un dodécagone régulier, ou polygone à douze côtés.* — Portez six fois le rayon du cercle sur la circonférence, fig. 197, comme dans la fig. 191. Des points A et B, et avec la même ouverture de compas à volonté, décrivez deux arcs de cercle qui se couperont en D ; joignez D au centre C, ce qui détermine le point E. La corde EA est le côté du dodécagone régulier, de même que la corde EB.

Cette construction se réduit à diviser l'arc BEA en deux parties égales. Nous ferons remarquer que c'est ainsi que nous avons passé du carré à l'octogone, fig. 189 et 193.

En suivant le même procédé, on pourra obtenir le côté du polygone régulier de quatorze côtés en divisant en deux parties égales l'arc soustendu par le côté de l'heptagone. *En général, en divisant en deux parties égales l'arc qui correspond au côté d'un polygone quelconque, la corde d'un des nouveaux arcs est le côté du polygone d'un nombre de côtés double.*

Ainsi donc, connaissant les moyens d'inscrire dans une circonférence des polygones de 3, 4, 5, 6, 7, 8, 9, 10, 11, 12 côtés, nous savons inscrire les polygones de 14, 16, 18, 20, 22, 24 côtés.

Mais inscrire un polygone régulier d'un nombre déterminé de côtés, *c'est aussi diviser la circonférence en ce même nombre de parties égales.*

Nous savons donc diviser une circonférence en 3, 4, 5, 6, 7, 8, 9, 10, 11, 12, 14, 16, 18, 20, 22, 24 parties égales.

Ces divisions de la circonférence sont très utiles dans

l'horlogerie, la mécanique, et plusieurs autres professions industrielles.

En examinant les résultats ci-dessus, on voit que les divisions de la circonférence en 13, en 15, en 17, en 19, en 21, en 23 parties, ne sont pas connues.

224. *Diviser la circonférence en autant de parties que l'on veut.* — Des extrémités A et B du diamètre AB, fig. 198, et avec une ouverture de compas égale à AB, décrivez deux arcs de cercle qui se coupent en C. ACB est un triangle équilatéral. Divisez le diamètre en autant de parties que vous voulez avoir de divisions, et tirez du point C une ligne qui passera par la seconde division du diamètre, et ira aboutir à la circonférence; la corde de l'arc de cercle intercepté à la circonférence est le côté du polygone demandé.

Soit proposé par exemple de diviser une circonférence dont MN est le diamètre en 13 parties égales, fig. 198. Comme il serait assez long, au moyen de la fig. 179, de diviser MN en 13 parties égales, voici une construction qui est aussi simple que facile. Tirez une ligne indéterminée, marquez le point de départ en A, et portez-y treize fois, de A en B par exemple, une longueur prise à volonté.

Divisez AB en deux parties égales (194), au point O. Du point O, et avec une ouverture de compas égale à la moitié de AB, décrivez une circonférence. Des points A et B successivement pris pour centre, et avec une ouverture de compas égale à AB, décrivez deux arcs de cercle qui se couperont en C. Tirez CA et CB. Par ce point C, et par le point D, 2e division du diamètre à partir de B (on pourrait également prendre la 2e division à partir de A, le résultat serait le même), tirez la droite CE jusqu'à la rencontre de la circonférence; joignez E et B : la corde EB est le côté du polygone régulier à treize côtés.

Mais ce n'est pas la circonférence ABE que l'on veut diviser en 13 parties : c'est la circonférence dont MN est le diamètre, que nous supposons plus grand que AB. Divisez MN en deux parties égales (194), au point O. De ce point O comme centre décrivez une circonférence concentrique à ABE, avec une ouverture de compas égale à la moitié de MN. Joignez le centre O avec le point E, et prolongez jusqu'à la rencontre de la grande circonférence en P; prolongez aussi le diamètre AB jusqu'en N : PN est le côté du polygone régulier à treize côtés.

Nous avons supposé que MN est plus grand que AB; mais le diamètre pourrait être ID, plus petit que AB; la construction serait absolument la même, et LD serait le côté du polygone cherché.

225. *Tracer un ovale dont les deux axes sont donnés.*— Soit AB le grand axe et EF le petit axe, fig. 199. Elevez une perpendiculaire sur AB, qui la divise en deux parties égales (194). Prenez les lignes CE et CF égales à la moitié de EF. Joignez les quatre points E, A, F, B. Sur le milieu de EB, AE, AF et BF, élevez des perpendiculaires. Prenez sur GM la distance KL à volonté, suivant que vous voudrez donner plus ou moins de courbure à votre ovale. Vous porterez la distance KL sur les trois autres perpendiculaires. Divisez ensuite les arcs EL et LB en deux parties égales par les perpendiculaires HD et IN. Faites-en autant sur tous les autres arcs égaux; continuez la division et la subdivision des arcs autant que vous le voudrez. Vous n'aurez plus qu'à joindre tous les points donnés par les divisions successives des arcs, et votre ovale est tracé.

Cette manière de tracer un ovale est employé dans les arts, quand on veux modifier à son gré la forme de cette courbe. C'est par ce motif que nous avons donné cette construction, quoique l'ovale ne puisse y être dessiné qu'à la main.

226. *Tracer une ellipse dont le grand arc est seul donné.* — Supposons que l'on ait donné le grand axe AB, fig. 200; divisez AB en trois parties (204); sur CD, comme base, un triangle équilatéral CED (206); construisez-en un autre CFD au-dessous.

Prolongez indéfiniment les côtés EC, ED, FD, FC. Des points C et D, comme centres, avec une ouverture de compas égale à AC, décrivez deux arcs de cercle HAG, IBK, limités par le prolongement des côtés EC, ED, FC et FD.

Des points F et E, avec une même ouverture de compas égale à FG, décrivez les arcs GI et HK qui déterminent l'ellipse.

227. Au moyen des constructions géométriques que nous venons de faire connaître, les élèves peuvent recommencer le cinquième et le sixième tableau au compas et à la règle : ils n'y trouveront aucune difficulté sérieuse, surtout s'ils se reportent aux moyens de vérification de ces figures que nous avons indiqués dans la deuxième partie.

Dans le septième tableau, ils auront occasion d'appliquer aux fig. 86 et 88 les constructions géométriques que nous avons données pour la division des circonférences.

Le huitième tableau est composé de verticales, d'horizontales, de circonférences et d'arcs de cercle ; le tracé ne demande que de la propreté.

Dans les tableaux suivants, jusqu'au quatorzième, il y a très peu de constructions géométriques ; ce sont presque toujours des circonférences à tracer.

Le quatorzième tableau appartient tout entier aux constructions géométriques. On a dû exécuter les figures à la main ; mais il faut reconnaître que le tracé géométrique peut seul donner un résultat satisfaisant.

Fig. 132. Les deux lignes ponctuées se rencontrent à angle droit ; de ce point de rencontre, comme centre, décrivez un arc de cercle d'un quart de circonférence ; le reste s'exécute au moyen de la règle.

Fig. 133. Tirez l'horizontale CB, que vous diviserez en trois parties égales (204) ; au point de division A le plus rapproché de B, élevez la perpendiculaire AD (197) ; du point B comme centre, et avec une ouverture de compas égale à BC, décrivez un quart de circonférence; du point A comme centre, et avec ouverture de compas égale à AC, décrivez un autre quart de circonférence qui se raccorde avec le premier; le reste se terminera à la règle.

Fig. 135. Prenez *ab* à volonté ; du point *b*, avec un rayon *ab*, décrivez l'arc de cercle indéfini *ac*; du point *a*, avec un rayon égal à *ab*, décrivez un arc qui déterminera le point *c*; tirez *bc* et prolongez cette ligne d'une longueur *cd* égal à *bc*; du point *d*, avec un rayon égal à *dc*, décrivez un arc de cercle indéfini qui se raccorde avec le premier; du point *c*, avec un rayon égal à *cd* (rayon et ouverture de compas ont ici la même signification), décrivez un arc de cercle qui déterminera le point *e*; le reste se trace à la règle.

Fig. 136. C'est la même construction que la précédente.

Fig. 137 et 138. La construction de la fig. 135 donne une courbe assez usitée en architecture, mais on peut vouloir modifier l'inclinaison : la construction suivante en donne la facilité.

Tirez *ae*, fig. 137, de la longueur et de l'inclinaison qui conviennent; divisez cette droite en deux parties au point *b*; élevez une verticale sur le milieu de *ab* (194). Prenez sur cette verticale un point à volonté *c*: plus on l'éloignera de *ab*, et moins la courbe sera prononcée ; moins on l'éloignera au contraire, et plus elle aura une forme cambrée. Tirez *ca* et *cb* ; prolongez *cb* jusqu'à *d*, de manière que *bd* égale *cb*. Du point *d* comme centre, et avec *db* pour rayon, décrivez un arc de cercle jusqu'au point *e*.

Les figures 131, 134, 139, 140, sont d'une construction tellement simple qu'il suffit de regarder les figures pour la comprendre.

Les tableaux suivants, jusqu'au dix-huitième inclusivement, n'exigent aucun détail. Ce sont des distances à mesurer au compas, des verticales à élever, des horizontales à tirer, et quelques circonférences à tracer.

Dans la pratique on se sert, pour tracer les horizontales et élever les verticales, d'un instrument assez commode : c'est le T (té), ainsi nommé parce qu'il a la forme du T majuscule. On ne peut s'en servir facilement que lorsque le dessin que l'on trace est collé sur une planche de bois de la forme d'un rectangle.

INSTRUCTION

POUR

L'APPLICATION DE L'ENSEIGNEMENT

DU DESSIN LINÉAIRE.

CHAPITRE XV.

Enseignement mutuel. — Enseignement simultané. — Enseignement individuel.

228. Cette partie de l'ouvrage est spécialement destinée aux professeurs, aux instituteurs et aux pères de famille qui veulent appliquer nos leçons de dessin linéaire.

Les modes d'enseignement étant différents, les modes d'application doivent l'être aussi.

Je diviserai donc cette instruction en trois parties :

1° Instruction pour l'enseignement mutuel,

2° Instruction pour l'enseignement simultané,

3° Instruction pour l'enseignement individuel.

§ 1. — *Enseignement mutuel.*

229. Je suppose une classe d'enseignement mutuel en plein exercice, et dans laquelle on veut introduire l'étude du dessin linéaire.

Le maître devra se pourvoir des objets suivants pour chaque groupe :

8

1° D'un mètre divisé en décimètres et en centimètres pour les grandes lignes;

2° D'un demi-mètre ferré aux deux bouts, divisé en décimètres, centimètres et millimètres;

3° D'une équerre;

4° D'un rapporteur en cuivre ou en corne, avec les divisions sur le limbe en degrés et en grades;

5° D'un grand compas de bois ou d'une corde, pour la vérification des courbes;

6° D'un exemplaire du COURS MÉTHODIQUE DE DESSIN LINÉAIRE, qui sera entre les mains du moniteur (1).

230. Les planches de cet ouvrage seront collées sur des planchettes de sapin, ou sur des feuilles de carton mince bordé de papier de couleur. Le carton épais est moins bon que le carton mince, parce qu'il se brise et fait un mauvais usage dans les classes, comme l'expérience le démontre.

Si le maître veut préserver les tableaux des taches qu'ils sont exposés à recevoir, il les enduira, quand ils seront bien secs, de deux couches de vernis. C'est une petite dépense dont on se trouvera bien : car on peut laver les tableaux avec une éponge légèrement imbibée, et faire ainsi disparaître les taches et la poussière. De temps en temps on renouvellera le vernis.

La planche sera confiée pendant la leçon au *suppléant moniteur*, dont nous parlerons plus bas. Il la tiendra devant lui de telle sorte que l'elève appelé au tableau par le moniteur puisse copier la figure et l'examiner avec attention.

231. Le moniteur a dans les mains l'exemplaire dont nous avons parlé ci-dessus : c'est à lui qu'est confiée la garde des instruments qui lui sont donnés par le moniteur général, et à qui il doit les remettre après chaque leçon.

(1) Tous ces objets se trouvent chez L. Hachette, libraire, rue Pierre-Sarrasin, n. 12, à Paris.

232. Le moniteur général devra avoir toujours dans les mains

Un demi-mètre,
Un rapporteur,
Un grand compas de bois ou une corde,
Et une équerre.

233. On pourrait remplacer l'équerre par le T dont nous avons parlé plus haut, et qu'on emploie dans beaucoup de classes de dessin linéaire. Ce T est divisé en décimètres, centimètres et millimètres, sur la hauteur et la largeur.

Si le tableau est bien fait et bien posé, le T donnera très exactement les horizontales et les verticales.

234. Le moniteur général est responsable de tous les instruments de la classe ; il doit en constater l'état avant de les remettre à un moniteur, et en constater de nouveau l'état quand la leçon est achevée.

Il aura une petite armoire pour les serrer, et un livret sur lequel l'état des instruments sera certifié tous les mois par le maître. Les noms des élèves qui ont causé des détériorations y seront inscrits. Le maître seul les condamnera à une amende proportionnée au dégât. Sans ces précautions, les instruments se brisent promptement et la classe se désorganise.

235. *Moniteur général, moniteurs et suppléants moniteurs.*

Sans moniteurs point d'enseignement mutuel : ce sont eux qui servent d'intermédiaires entre le maître et les élèves, ce sont eux qui assurent les succès d'une classe.

Il est donc d'une haute importance pour le maître qui veut introduire dans sa classe l'enseignement du dessin linéaire de former des moniteurs. C'est par là qu'il faut commencer.

Sur dix élèves, il prendra deux élèves pour les instruire séparément; soit *cent vingt* le nombre total des élèves, il choisira parmi eux *vingt-quatre* moniteurs.

Le maître donnera à ces vingt-quatre élèves une leçon

par jour de dessin linéaire, soit avant ou après la classe. Si le maître n'était pas libre de son temps avant ou après la classe, il devrait choisir, pour donner sa leçon particulière, la classe d'écriture, par exemple, car c'est dans les plus forts en écriture qu'il devra naturellement choisir les moniteurs. D'un autre côté, la leçon d'écriture est moins indispensable à ceux qui ont fait déjà des progrès.

Un mois suffira pour instruire les moniteurs et les rendre capables d'enseigner à leurs camarades ce qu'ils auront appris en particulier.

Les moniteurs auront dû être successivement exercés sur le tableau noir et sur le papier.

Si, au bout d'un mois, les moniteurs n'étaient pas très avancés, ils entreraient néanmoins en fonctions, mais le maître leur continuerait la leçon particulière.

Pour encourager les moniteurs et les engager à s'appliquer, on leur annoncera que la moitié seulement d'entre eux doivent être moniteurs, que les moins forts seront suppléants.

A cet effet, on procédera au bout du mois à un examen qui aura lieu un jour de congé, et à la suite duquel on nommera le moniteur général, les moniteurs et les suppléants.

236. *Moniteur général.* Le moniteur général, outre la conservation des instruments, des tableaux-modèles, et des exemplaires du Cours méthodique, est encore chargé de la surveillance des cercles concurremment avec le maître. Il devra examiner si les moniteurs sont attentifs et s'ils corrigent avec soin les figures tracées par les élèves ; si le suppléant remplit également bien ses fonctions.

Il est chargé en outre des commandements.

237. *Moniteurs.* Le moniteur doit seul maintenir l'ordre à son cercle ; il marquera les bons et les mauvais points qui seront donnés immédiatement après le dessin d'une figure.

Le moniteur rectifiera les traits mal contournés, et les lignes irrégulières ; il vérifiera, au compas ou à la corde, les circonférences et les arcs de cercle.

Dans les premières leçons, il fera dessiner la même figure par tous les élèves. Si cette figure est très simple, il sera utile de laisser subsister tous les dessins les uns à côté des autres, afin de les comparer : l'émulation y trouve un aliment continuel.

Quand les figures seront plus compliquées, on pourra en laisser deux ou trois à la fois sur le tableau. Ce procédé est préférable à celui d'effacer immédiatement chaque figure aussitôt qu'elle est tracée.

Enfin, quand les figures deviendront très difficiles, il sera impossible d'en dessiner un grand nombre dans une seule séance.

Les moniteurs prendront alors le nom des élèves qui ont été envoyés au tableau, de manière que chacun conserve son tour dans les séances suivantes.

Le moniteur exigera que l'élève appelé trace lentement ses lignes, et les recommence de suite si elles sont trop grosses.

238. *Moniteurs suppléants.* Les moniteurs suppléants sont très essentiels. Ils remplacent les moniteurs en cas d'absence, et ils en sont capables, puisqu'ils ont reçu les mêmes leçons particulières. Quand le moniteur suppléant remplace le moniteur, l'élève qui était le premier à la dernière leçon devient *suppléant provisoire.*

Le moniteur suppléant se place dans l'intérieur du cercle et sur le côté ; il est chargé du tableau-modèle, il en est responsable.

Quand une figure est tracée, le suppléant suspend son tableau à un clou placé sur le côté où il se trouve. Le moniteur lui remet le demi-mètre et l'équerre, avec les quels il vérifiera les verticales, les horizontales et les obliques, pendant que le moniteur rectifie la figure au moyen de la craie.

Ce partage dans les fonctions offre de grands avantages, quand le moniteur et le suppléant s'entendent bien.

Le moniteur général doit veiller à ce que cet accord subsiste toujours.

229. *Dessin sur l'ardoise.* Jusqu'à présent, nous avons supposé les élèves au cercle et devant le tableau noir : s'il se trouvait dans la classe de jeunes enfants, on les fera dessiner sur l'ardoise. Nous croyons ce moyen préférable à celui de laisser les jeunes enfants en classe d'écriture.

Un moniteur leur tracera un modèle sur une ardoise qu'il tiendra élevée, et qu'il montrera aux élèves jusqu'à ce qu'ils aient fini de copier. Alors il placera successivement le modèle à côté de chaque ardoise, et corrigera les fautes.

Il suivra, quant au commandement, la même marche qne pour les autres exercices.

240. *Commandements. — Classe de dessin linéaire!* Ce commandement est fait par le moniteur général à l'estrade. C'est un signal.

Après les signes pour préparer les élèves à sortir, et pour les faire sortir des bancs, le moniteur général dit :

Moniteurs à l'estrade ! Alors il donne à chacun d'eux la craie, les instruments qui leur sont nécessaires ; au suppléant, le tableau-modèle ; et au moniteur, l'exemplaire du Cours méthodique de dessin linéaire.

Quand les moniteurs sont de retour à leurs bancs, le moniteur général dit :

En classe de dessin linéaire ! Les élèves se rendent à leurs groupes : les plus jeunes qui sont à l'ardoise entrent dans les bancs.

Au commandement, *Commencez !* les élèves aux tableaux et à l'ardoise commencent leurs dessins.

Commandements du moniteur pour l'ardoise. — Attention! Les élèves se disposent. — *Tracez !* (Le moniteur nomme la figure qu'il a tracée lui-même sur une ardoise.)

Quand l'ardoise est suffisamment remplie, le moniteur dit :

Correction! — Il corrige chaque élève l'un après l'autre, ayant soin de marquer sur son ardoise les bons et les mauvais points.

Ensuite le moniteur porte la main droite à la bouche, et la gauche à la hauteur de la ceinture. (C'est le signe pour préparer à nettoyer les ardoises.)

Le moniteur agite sa main horizontalement. (A ce nouveau signe les ardoises sont effacées, et on recommence.)

§ 2. — *Enseignement simultané.*

241. Dans l'enseignement simultané il y a cinq divisions de dessin linéaire.

Le maître fait travailler lui-même les 5e, 4e et 3e classes, et laisse à de bons premiers de table le soin de faire travailler la 1re et la 2e classe. Cependant le maître fera venir de temps en temps ces deux dernières classes au grand tableau, pour s'assurer des progrès.

Les élèves dessinent à leurs places sur des cahiers oblongs. Cette forme convient mieux que toute autre au dessin linéaire, parce qu'elle permet aux enfants de tenir leurs cahiers avec plus de soin et de propreté.

On emploie pour dessiner un crayon de mine de pomb de bonne qualité, et un morceau de gomme élastique. Mais on ne se servira pas d'abord de règle et de compas. Le maître interdira rigoureusement l'usage des bandes de papier qui peuvent tenir lieu de compas et de règles.

La 5e classe vient la première autour de la table du maître, qui examine ce qui a été dessiné dans les bancs ; il donne les conseils pour la correction et fait placer les élèves autour du tableau noir, où il explique les principes du dessin linéaire, et fait dessiner à la craie.

La 4e classe vient à son tour ainsi que la 3e.

Le maître doit être pourvu des mêmes instruments que dans l'enseignement mutuel.

Ainsi, dans l'enseignement simultané il y a, comme dans l'enseignement mutuel, des exercices au tableau noir avec la craie, et des exercices aux bancs avec le crayon de mine de plomb, et avec des instruments.

EXERCICES AU TABLEAU NOIR. — Le maître désigne un élève, et lui fait tracer à la main et sans instruments une des figures qui composent les planches destinées à sa classe ; il fait rectifier à la main par un autre élève, et enfin corrige lui-même à la regle et avec le compas de bois.

DESSIN DANS LES BANCS. — On dessine dans les bancs sur des cahiers oblongs, ou sans instruments, ou avec des instruments.

Si l'on dessine sans instruments, il suffit d'avoir un crayon de mine de plomb et un morceau de gomme élastique.

Si l'on dessine avec des instruments, il faut 1° des règles, 2° un compas avec ses pointes de rechange, 3° un rapporteur en corne, 4° une équerre, 5° un crayon et de la gomme.

Les modèles sont suspendus devant les élèves, qui les copient.

§ 3. — *Enseignement individuel.*

242. Le plus grand défaut de ce mode d'enseignement, c'est qu'il oblige le maître à partager ses soins et son temps entre un trop grand nombre d'élèves.

Les progrès en dessin linéaire ne sont pas les mêmes chez tous les enfants : la différence est plus tranchée que dans les autres exercices, car la volonté seul ne suffit pas pour bien faire. Il est vrai qu'avec de la persévérance on parvient à vaincre toutes les difficultes ; mais quelques jeunes enfants sont d'une maladresse qui rebute le zèle du maître.

Les élèves font nécessairement plus ou moins de progrès selon leurs dispositions naturelles ; et comment un seul maître pourra-t-il tout corriger?

243. Dans l'enseignement individuel on emploie deux manières différentes de dessiner, *le dessin linéaire sans instruments* , *et le dessin linéaire graphique*.

244. *Dessin linéaire sans instruments.* — Dans l'enseignement individuel, chaque élève sera muni de notre atlas de planches d'un côté, et d'un exemplaire du *Cours méthodique* de l'autre, pour étudier la marche à suivre dans le dessin de chaque figure.

Il aura de plus un cahier oblong en papier vélin, un bon crayon de bois un peu tendre , un *Brockmann* , *s'il est possible*, ou un *Conté* (1), et un morceau de caoutchouc (gomme élastique).

En corrigeant, le maître se fera rendre compte du dessin ; il questionnera l'élève pour voir s'il a compris son texte, et s'il l'a consulté avant de commencer.

245. Ici se présente la question de savoir s'il faut exiger une grande perfection dans le travail, l'élève marchant à pas lents, mais sûrs ; ou s'il faut user d'indulgence, dans la crainte de le décourager en le retenant trop long-temps sur la même figure.

Cette question est grave : elle partage les professeurs de dessin dans les diverses académies. Plusieurs peintres habiles pensent qu'il vaut mieux changer fréquemment de modèles, et que la perfection arrive par degrés insensibles.

Contrairement à cet avis, nous croyons qu'il vaut mieux aller très lentement d'abord, que plus tard on en sera pleinement récompensé : notre expérience particulière nous a fait remarquer que la lenteur des progrès venait de la légèreté mise à étudier les principes , et de l'impatience d'arriver de suite à dessiner des figures compliquées.

(1) Les Brockmann sont des crayons anglais excellents ; ceux de Conté sont bons.

Cette règle n'est pas cependant tellement invariable qu'on ne puisse s'en départir quelquefois en faveur d'enfants pleins d'intelligence, mais d'une extrême vivacité d'imagination. On dégoûterait bientôt, par trop d'exigence, les élèves de ce caractère.

Nous conseillons aux maîtres et aux pères de famille qui suivront notre méthode de faire rester sur les premières figures jusqu'à ce qu'elles soient parfaitement dessinées. La réussite anime les enfants, leur donne la conscience de leur adresse, et bientôt *ils veulent faire très bien :* quand on est arrivé à ce point, la tâche du maître devient facile ; il n'a plus qu'à maintenir ces bonnes dispositions, et à soutenir le courage, qui chancelle fréquemment, même chez les sujets les plus distingués.

Il est vrai qu'on marchera moins vite dans le commencement, mais ce retard n'est que momentané : on en sera dédommagé par des succès rapides.

Nous ajoutons cependant qu'il faut savoir distinguer entre la légèreté capricieuse d'un enfant ardent, et le dégoût réel qu'inspirerait l'impuissance de bien faire. Dans ce dernier cas, on fait avancer, sans abandonner toutefois la figure qui semble difficile.

Nous osons croire qu'avec notre méthode, des obstacles bien grands n'arrêteront pas les élèves. Nous nous sommes occupé soigneusement de graduer les difficultés; une figure conduit à une autre sans transition brusque et soudaine. Si des figures sont quelquefois très compliquées, ou d'une régularité difficile à obtenir, nous avons pris soin d'avertir qu'on pouvait les faire négliger aux élèves les moins forts.

Quand les planches seront toutes copiées à vue et avec le secours des instruments, l'élève saura du dessin linéaire ce qu'il faut en savoir; il sera même en état de composer et de créer des dessins nouveaux.

246. *Dessin linéaire graphique.* — Au dessin linéaire sans instruments succédera le dessin linéaire graphique. On remettra alors à l'élève :

1° Un compas avec sa pointe, sa plume et son porte-crayon ;

2° Un rapporteur ;

3° Un tire-ligne ;

4° Une échelle de proportion.

C'est avec intention que nous avons fait précéder le dessin sans instruments. Il peut paraître au premier abord plus difficile que le dessin à la règle et au compas, mais l'expérience démontrera bientôt le contraire. Les élèves qui dessinent sans instruments croiront, les premiers jours ne pouvoir jamais réussir ; mais ils seront surpris, au bout de quelques semaines de la facilité, qu'ils auront à tracer des figures compliquées, surtout si le maître a exigé dans les commencements une grande netteté et une grande correction dans le travail.

Le dessin graphique présentera un résultat inverse.

Avec un compas et une règle, l'élève croira tout facile, parce qu'il n'aura plus à s'occuper du calcul des distances ; ce ne sera cependant pas de suite qu'il dessinera correctement.

247. Rien ne paraît plus simple que de tracer une droite à la règle, mais il faut des précautions pour le bien faire.

Ainsi, et avant toute chose, il faut une règle bien juste ; il faut une bonne plume ou un bon tire-ligne ; il faut encore de l'encre ni trop épaisse ni trop liquide.

Les règles dont les écoliers se servent habituellement sont pour la plupart défectueuses : elles se courbent sous l'influence du froid et de la chaleur, car elles sont faites avec du bois qui n'est pas parfaitement sec.

Je ne suppose pas que les élèves veuillent se servir des carrés ordinaires, qu'ils mutilent avec leurs canifs, ou en frappant les murs et les tables : de semblables instruments doivent être sévèrement interdits.

248. Pour s'assurer que la règle dont on veut se servir est juste, on l'emploie à tracer une droite, ensuite on la retourne bout à bout. Si l'arête de la règle recouvre parfaitement la droite tracée, c'est une preuve qu'elle est juste. Tel est le moyen dont se servent les architectes et les ingénieurs.

Dans l'usage ordinaire, on applique l'œil à une des extrémités de la règle; et on aperçoit ainsi les imperfections grossières; mais le moyen indiqué ci-dessus est de beaucoup préférable.

249. Le tire-ligne en bon état, et proprement tenu, est un instrument qui rend de grands services pour le dessin linéaire; sans lui, il est impossible de bien tracer une longue ligne; une bonne plume, du genre de celles appelées *bouts d'aile*, ou, ce qui vaut mieux encore, une plume de corbeau, peut remplacer le tire-ligne, en donnant aux élèves de la légèreté dans la main.

250. L'encre de Chine est de beaucoup préférable à l'encre à écrire pour le dessin linéraire. Si on n'avait pas d'encre de Chine, on se servirait d'encre ordinaire; mais il faut la verser dans une soucoupe ou dans un godet, et la renouveler toutes les fois que l'on s'en sert.

251. Un compas, pour être parfait, doit avoir ses pointes égales, bien fines, et sa charnière assez ferme pour que les pointes ne puissent s'écarter pendant le tracé des circonférences et des arcs.

Cette dernière condition est la plus essentielle pour les écoliers, qui fatiguent promptement leur compas. Si la charnière est mobile, il est impossible de rien faire d'exact.

On ne saurait trop recommander aux jeunes gens d'avoir le plus grand soin de leur compas, de le nettoyer souvent, et surtout de ne pas s'en servir pour percer des cahiers.

Il est important aussi de ne pas trop charger d'encre la plume dont on se sert; sans cette précaution, on s'expose à faire des traits malpropres et à tacher ses dessins.

252. Bien se servir du rapporteur et de l'échelle de proportion demande encore quelque exercice. Mais avec les soins et la surveillance du maître, on surmontera promptement les difficultés que présente le dessin graphique.

QUESTIONS

SUR

LE DESSIN LINÉAIRE,

SERVANT D'EXAMEN
POUR CONSTATER LE TRAVAIL DES ÉLÈVES.

CHAPITRE XVI.

253. Les élèves qui auront lu attentivement les explications qui précèdent chaque figure doivent connaître les principes sur lesquels elles ont été construites ; mais, comme ces définitions sont disséminées dans différents chapitres et s'oublient facilement, nous en avons formé une série de questions, que les maîtres feront apprendre à leurs élèves, et sur lesquelles ceux-ci devront répondre sans hésitation.

Les questions seront faites par le moniteur ou par le maître.

Dans tous les cas, le maître devra consacrer au moins une leçon par mois à interroger lui-même.

DEMANDE. Qu'est-ce que le dessin linéaire ?

RÉPONSE. C'est l'art de tracer le contour des objets, d'indiquer les figures par de simples traits. Ce genre de dessin s'appuie sur les principes de la géométrie.

D. Qu'est-ce que le dessin proprement dit ?

R. C'est l'art de représenter sur une surface plane les corps de la nature, en faisant illusion à l'œil au moyen des ombres, des clairs et des demi-teintes.

D. Qu'est-ce qu'une demi-teinte?

R. C'est une ombre affaiblie qui sert de transition entre l'ombre et le clair.

D. A quoi sert le dessin linéaire?

R. Il sert à exprimer sa pensée avec des lignes; il est utile dans toutes les positions de la vie. Si l'on est ouvrier, le travail en devient beaucoup plus facile; si l'on est chef d'atelier, on prépare sans peine le travail à ses ouvriers; si l'on veut faire construire, on se fait comprendre en un instant du chef d'atelier et même des ouvriers, en leur traçant le contour de l'objet qu'on désire.

D. Est-il toujours nécessaire de dessiner avec une précision mathématique?

R. Cela n'est pas toujours nécessaire. Quand on a besoin d'une simple approximation, la justesse, qui n'est pas, dans ce cas, indispensable, doit être remplacée par la rapidité du tracé.

Si au contraire un maître ou un chef d'atelier prépare le travail de ses ouvriers, les mesures doivent être parfaitement exactes : il faut alors se servir d'instruments.

D. Combien distingue-t-on d'espèces de dessin linéaire?

R. Deux espèces : le dessin linéaire à vue et sans instruments, et le dessin graphique avec des instruments.

D. Qu'est-ce qu'une ligne droite?

R. C'est le plus court chemin d'un point à un autre.

D. Qu'est-ce qu'un angle?

R. C'est l'espace renfermé entre deux droites qui se coupent en un point nommé point d'*intersection*. Les droites prennent alors le nom de *côtés*, et le point d'intersection est appelé le *sommet* de l'angle.

D. Qu'est-ce qu'un angle droit?

R. C'est un angle formé par une droite perpendiculaire sur une autre droite.

D. Qu'est-ce qu'une perpendiculaire?

R. C'est une droite qui en tombant sur une autre forme avec cette droite deux angles égaux.

D. Qu'est-ce qu'un angle aigu?

R. C'est un angle plus petit qu'un droit.

D. Qu'est-ce qu'un angle obtus?

R. C'est un angle plus grand qu'un angle droit.

D. Combien y a-t-il d'espèces de lignes droites?

R. Il y en a plusieurs, la verticale, l'horizontale, l'oblique de droite à gauche et l'oblique de gauche à droite, la perpendiculaire, etc., etc., etc.

D. Qu'est-ce qu'une verticale?

R. C'est la ligne suivant laquelle les corps tombent lorsqu'ils sont abandonnés à eux-mêmes : elle est déterminée par le fil à plomb librement suspendu.

D. Qu'est-ce qu'une horizontale?

R. C'est la ligne qui répond au niveau de l'eau tranquille : elle fait un angle droit avec la verticale.

D. Qu'est-ce qu'une oblique?

R. C'est une droite qui, rencontrant une autre droite, fait avec celle-ci un angle aigu d'un côté et obtus de l'autre.

D. Comment vérifie-t-on une verticale?

R. Avec un niveau dit *niveau de maçon*.

D. Comment vérifie-t-on l'horizontale?

R. Avec le même instrument.

D. Qu'est-ce qu'un mètre?

R. Le mètre est une mesure de longeur égale à la dix-millionnième partie de la distance du pôle à l'équateur; il équivaut à 3 pieds 0 pouces 11 lignes 296 millièmes, et dans la pratique à 3 pieds 1 pouce; il est divisé en dix décimètres, le décimètre en dix centimètres, le centimètre en dix millimètres: on ne va pas plus loin dant la pratique.

D. En combien de parties se divise un angle droit?

R. En 90 angles d'un degré ou en 100 angles d'un grade; le degré est divisé en 60 parties ou minutes; le grade en 100 parties ou minutes métriques; la minute est divisée en 60 parties ou secondes ; la minute métrique en 100 parties ou secondes métriques : on ne va pas plus loin dans la pratique.

D. Comment réduit-on des degrés en grades ?

R. En multipliant le nombre donné par dix, et en divisant le produit par neuf : le quotient est le nombre demandé.

D. Comment réduit-on les minutes en minutes métriques, et les secondes en secondes métriques ?

R. Pour les minutes, en multipliant le nombre proposé par 100, et en divisant le produit par 54 ; pour les secondes, en multipliant par 1000, et en divisant par 324.

D. Comment réduit-on les grades en degrés?

R. En multipliant le nombre proposé par 9, et en divisant par 10 le produit : le quotient est le nombre demandé.

D. Comment réduit-on des minutes et secondes métriques en minutes et en secondes de l'ancienne division ?

R. En multipliant pour les minutes par 54, et en divisant le produit par 100 ; pour les secondes, en multipliant par 324, et en divisant par 1000.

D. Quel est l'angle aigu le plus petit possible?

R. D'après la division en minutes et en secondes qui a été donnée, l'angle aigu le plus petit est celui d'une seconde, ancienne division, ou d'une seconde métrique. On pourrait encore diviser la seconde en 60 tierces, etc., etc.

D. Quel est l'angle obtus le plus grand possible?

R. D'après notre division, l'angle obtus le plus grand possible est celui de 179 degrés 59′ 59″, ou 199 grades 99′, 99″.

D. Quel est le plus grand angle droit possible ?

R. Ils sont tous égaux, c'est-à-dire de 90 degrés ou de 100 grades.

D. Qu'est-ce qu'un triangle ?

R. C'est l'espace renfermé par trois droites qui se

coupent deux à deux : les droites s'appellent côtés.

D. Qu'est-ce qu'un triangle équilatéral ?

R. C'est un triangle dont les trois côtés sont égaux.

D. Qu'est-ce qu'un triangle isocèle ?

R. C'est un triangle dont deux côtés sont égaux.

D. Qu'est-ce qu'un triangle rectangle ?

R. C'est un triangle qui a un angle droit.

D. Qu'est-ce qu'un quadrilatère ?

R. C'est l'espace renfermé entre quatre droites ou côtés.

D. Qu'est-ce qu'un carré ?

R. C'est un quadrilatère dont les angles sont droits et les côtés égaux.

D. Qu'est-ce qu'un parallélogramme ?

R. C'est un quatrilatère dont les côtés opposés sont parallèles et égaux deux à deux , les angles n'étant pas droits.

D. Qu'appelle-t-on lignes parallèles ?

R. Ce sont des droites qui, situées dans le même *plan*, ne peuvent jamais se rencontrer, à quelque distance qu'on les prolonge.

D. Qu'est-ce qu'un plan ?

R. Le plan est une surface telle,que,si l'on y prend deux points à volonté , et si on les joint par une droite , la droite se trouvera tout entière dans le plan.

D. Qu'est-ce qu'un losange ?

R. C'est un parallélogramme dont les côtés sont égaux.

D. Que remarquez-vous dans le losange ?

R. Les deux diagonales se coupent à angles droits.

D. Qu'est-ce qu'une diagonale ?

R. C'est la droite qui unit les sommets de deux angles non adjacents.

D. Qu'est-ce qu'un rectangle ?

R. C'est un quadrilatère dont les angles sont droits, et les côtés opposés égaux , deux à deux seulement.

D. Qu'est-ce qu'un polygone ?

R. C'est l'espace renfermé entre plusieurs côtés qui se

coupent deux à deux : le triangle, le quadrilatère, sont des polygones.

D. Qu'est-ce qu'un polygone régulier?

R. C'est un polygone dont les angles sont égaux, ainsi que les côtés. Tout polygone qui ne remplit pas ces deux conditions est irrégulier.

D. Qu'est-ce qu'un pentagone régulier ?

R. C'est un polygone à cinq côtés égaux, et dont les angles sont aussi égaux.

D. De combien de degrés et de combien de grades sont les angles du pentagone régulier ?

R. Chaque angle est de 108 degrés, ou de 120 grades.

D. Quelle est la longueur des côtés d'un pentagone régulier ?

R. Cette longueur est indéterminée : il suffit que tous les côtés soient égaux. Il en est de même pour tous les polygones réguliers.

D. Qu'est-ce qu'un hexagone régulier ?

R. C'est un polygone à six côtés égaux, dont les angles sont égaux aussi.

D. Quelle est la mesure des angles de l'hexagone en degrés et en grades?

R. Chaque angle de l'hexagone est de 120 degrés ou 133 grades 33′ 33″.

D. Qu'est-ce qu'un octogone régulier?

R. C'est un polygone à huit côtés égaux, dont tous les angles sont égaux.

D. Quelle est la mesure des angles de l'octogone?

R. Chaque angle de l'octogne est de 135 degrés ou de 150 grades.

D. Comment trouve-t-on la valeur des angles des polygones réguliers?

R. Il suffit de retrancher 2 du nombre des côtés, et de multiplier le reste par deux droits, c'est-à-dire par 180 degrés ou 200 grades; il ne s'agira plus que de diviser le produit par le nombre des angles du polygone : le quotient sera la mesure de chaque angle.

Ex. Cherchons la valeur de l'angle de l'octogone. Le polygone a 8 côtés ; retranchons 2, il reste 6, que je multiplie par 180 et par 200, ce qui me donne pour produit 1080 et 1200 ; divisant ces nombres par le nombre des angles, qui est 8, les deux quotients sont 135 degrés et 150 grades, nombres indiqués ci-dessus.

D. Qu'est-ce qu'une pyramide triangulaire ?

R. Une pyramide est un corps formé de plusieurs plans, qui vont tous aboutir à un point nommé sommet de la pyramide ; elle est appuyée sur une base qui peut être triangulaire, quadrangulaire, pentagonale, hexagonale, etc. Alors la pyramide est dite ou triangulaire, ou quadrangulaire, ou pentagonale, ou hexagonale, etc.

D. Qu'est-ce qu'un cube ?

R. Un cube est un corps régulier formé de six surfaces carrées égales ; un dé à jouer est un cube.

D. Qu'est-ce qu'un prisme ?

R. Un prisme est un corps formé de deux polygones égaux opposés, dont les côtés sont joints par des plans. Les arêtes d'un prisme sont parallèles et égales. Si les arêtes ne sont pas égales, le prisme est alors appelé *prisme tronqué*.

D. Qu'est-ce qu'un prisme triangulaire droit ?

R. Un prisme triangulaire droit est un prisme dont les bases supérieure et inférieure sont des triangles égaux, et dont les sommets des angles sont réunis par des perpendiculaires à la base.

D. Qu'est-ce qu'un prisme triangulaire oblique ?

R. C'est un prisme triangulaire dont les arêtes sont obliques à la base.

D. Qu'est-ce qu'une arête ?

R. C'est la ligne qui unit deux angles dans un corps : ainsi, par exemple, dans cette classe (l'élève montre la classe), les lignes qui unissent le plafond au mur sont des arêtes.

D. Qu'est-ce qu'un parallélipipède ?

R. Un parallélipipède est un prisme dont toutes les

faces sont des parallélogrammes. Si les arêtes sont perpendiculaires à la base, le parallélipipède est droit ; si les arêtes sont obliques, le parallélipipède est oblique.

D. Qu'est-ce qu'un prisme pentagonal, hexagonal, octogonal ?

R. C'est une prisme dont la base est un pentagone, un hexagone, ou un octogone.

D. Qu'est-ce qu'un prisme régulier ?

R. C'est un prisme dont les bases opposées sont des polygones réguliers.

D. Qu'est-ce qu'une pyramide quadrangulaire ?

R. C'est une pyramide dont la base est un quadrilatère.

D. Qu'est-ce qu'une pyramide pentagonale, hexagonale, octogonale ?

R. C'est une pyramide dont la base est un pentagone, un hexagone, un octogone. Ordinairement les bases des pyramides sont des polygones réguliers.

D. Comment divise-t-on une horizontale, une verticale et une oblique en quatre parties ?

R. En divisant chacune de ces droites d'abord en deux parties égales, et chacune de ces parties en deux moitiés.

D. N'y a-t-il pas une observation importante à faire sur la division des verticales et des obliques qui s'en rapprochent ?

R. C'est que, l'œil n'étant pas de niveau avec toutes les parties de la verticale, celles qui se trouvent plus haut et plus bas que l'œil sont vues en raccourci, de telle sorte que les divisions supérieures et inférieures se trouvent les plus grandes, et celles du milieu les plus petites. Cette remarque ne s'applique qu'aux lignes étendues. On y remédie en prenant le niveau à chaque division.

D. Comment peut-on diviser un angle en deux, en quatre et huit parties égales ?

R. En le divisant d'abord en deux parties égales, et ensuite chaque partie en deux moitiés.

D. En divisant les côtés d'un carré en deux parties égales, et en tirant des droites, en combien de parties avez-vous divisé le carré?

R. En quatre carrés égaux.

D. Comment peut-on doubler un carré donné?

R. En joignant deux angles opposés du carré par une droite qu'on nomme *diagonale :* cette diagonale est le côté d'un carré double.

D. Comment peut-on construire un carré moitié d'un carré donné?

R. En menant deux diagonales. La rencontre des diagonales donnera quatre lignes égales ; chacune d'elles sera le côté d'un carré deux fois plus petit.

D. Combien une toise vaut-elle de pieds, de pouces et de lignes?

R. Une toise vaut 6 pieds, le pied vaut 12 pouces, et le pouce 12 lignes : donc la toise vaut 6 pieds, vaut 72 pouces, vaut 864 lignes.

D. Qu'est-ce qu'une toise carrée?

R. C'est un carré dont chaque côté a une toise.

D. Combien la toise carrée vaut-elle de pieds, de pouces et de lignes carrés?

R. La toise carrée contient 36 pieds carrés ; le pied carré contient 144 pouces carrés, et le pouce carré contient 144 lignes carrées : donc la toise carrée vaut 36 pieds carrés, vaut 5,184 pouces carrés, vaut 746,496 lignes carrées.

D. Quelle est l'application des toises, pieds, pouces et lignes carrés?

R. On s'en sert à mesurer les surfaces : c'est le toisé quand il s'agit de petites parties, et l'arpentage quand on l'applique à des surfaces considérables (1). Il est bien préférable de se servir du mètre carré.

(1) *Traité élémentaire d'arpentage,* précédé de l'Exposé complet du nouveau système métrique, et suivi de la Mesure des bois ronds et carrés; par M. L. Lamotte. 1 vol. in-12, avec planches gravées sur cuivre. Prix : 2 fr., et 1 fr. 60 c. pour Messieurs les Instituteurs. Paris, à la Librairie élémentaire et classique de L. Hachette, rue Pierre-Sarrasin, n. 12.

D. Qu'est-ce qu'une toise cube ?

R. C'est un cube qui a une toise sur chacune de ses dimensions.

D. Combien la toise cube vaut-elle de pieds, de pouces et de lignes cubes?

R. La toise cube contient 216 pieds cubes, ou le produit de 6 par 6, et encore par 6 ; le pied cube contient 1728 pouces cubes; le pouce cube contient 1728 lignes cubes : donc la toise cube vaut 216 pieds cubes, vaut 373,248 pouces cubes, vaut 644,972,544 lignes cubes.

D. Quelle est l'application des toises, des pieds, pouces et lignes cubes?

R. On s'en sert à mesurer les corps, sous le nom de toisé des solides, et pour mesurer les bois, sous le nom de toisé des bois. Il est bien préférable de se servir du mètre cube.

D. Qu'est-ce qu'un parquet ?

R. C'est un compartiment en bois qui se place sur le plancher inférieur, et qui est soutenu par de petites solives étroites nommées lambourdes.

D. Que coûte le mètre carré de parquet ?

R. Le mètre carré de parquet ordinaire en chêne, d'un pouce d'épaisseur, posé de niveau, cloué, compris la fourniture et la pose des lambourdes en chêne de 15 lignes d'épaisseur, coûte à Paris 62 fr. 56 c. la toise carrée, ou 16 fr. 47 c. le mètre carré. Le point de Hongrie coûte 48 fr. 43 c. la toise carrée, ou 12 fr. 75 c. le mètre carré.

D. Que coûte un carrelage de salle à manger en pierre de liais et en petits carreaux de pierre noire ?

R. Ce carrelage ne convient qu'aux maisons riches, car il coûte 45 fr. la toise carrée, et 11 fr. le mètre. Il est remplacé avec économie par les carreaux en terre cuite à six pans, qui ne coûtent que 12 fr. la toise superficielle, ou 3 fr. le mètre; les carreaux de forme carrée coûtent beaucoup moins, mais ils ne sont pas aussi agréables à l'œil.

D. Que coûte un chambranle de cheminée en marbre ?

R. Nous supposons la cheminée construite par le maçon : pour la revêtir en marbre de Sainte-Anne il en coûte de 28 à 30 fr. ; en marbre de Malplaquet, de 30 à 35 fr., si l'on veut une cheminée simple. Quand on la désire à colonnes, elle coûte de 150 à 180 fr. Certaines cheminées en marbre précieux coûtent de 300 fr. à 1200 fr.

D. Que coûtent les portes d'appartements?

R. Les portes pleines en chêne, d'un pouce d'épaisseur, se comptent à raison de 33 fr. la toise carrée, ou de 8 fr. 50 cent. le mètre; les portes vitrées se paient le même prix. Quand elles sont à panneaux, elles coûtent de 50 à 60 fr., selon la moulure et le travail.

Les chambranles en chêne de 15 lignes d'épaisseur, de 3 à 3 pouces et demi de largeur, se comptent à la toise courante à raison de 2 fr. 50 cent. ou 1 fr. 80 cent. le mètre.

Les fiches à vases de la ferrure, ayant six pouces de hauteur, valent 75 cent. la pièce; une bonne serrure de six pouces, à tour et demi et à bouton double, vaut de 6 à 9 fr.

D. Que coûtent les croisées?

R. Les croisées à deux vantaux de 15 lignes d'épaisseur, dormants de 2 pouces et demi sur 2 pouces, avec jet d'eau, se comptent au pied courant, indépendamment de la largeur. Le pied courant vaut 3 fr. 50 cent. La ferrure d'une croisée se compte de 20 à 25 fr.

D. Quelle est la hauteur d'un comble?

R. A Paris on la prend du tiers de la base. Cette hauteur varie selon le climat. Dans le nord elle est plus grande, dans le midi beaucoup moindre. En Italie les maisons sont généralement couvertes de terrasses.

D. Distingue-t-on plusieurs espèces de combles?

R. On en distingue trois : les combles en charpente, 2° les combles en menuiserie, 3° les combles en briques.

D. Qu'entendez-vous par lambris?

R. Les lambris sont des revêtements de menuiserie autour des murs d'une chambre; ils servent à l'ornement et préservent de l'humidité. Comme les lambris de hauteur sont très coûteux, on se contente dans beaucoup de maisons de lambris d'appui; le reste du mur se couvre alors d'un papier peint. Les lambris de hauteur à petits cadres sont d'un fort bel effet.

D. Qu'entendez-vous par treillages agrestes?

R. Ce sont des treillages qui servent à entourer les bassins, les gazons, les portions de parc réservées aux animaux. On les construit en châtaignier, et on leur donne les formes les plus variées. La toise courante vaut 7 fr. 50 cent. ou 3 fr. 78 cent. le mètre. Le treillage d'application le long des murs ne se paie que 2 fr. 75 cent. la toise carrée ou 70 cent. le mètre carré.

D. Qu'est-ce qu'une circonférence?

R. C'est une courbe dont tous les points sont à égale distance d'un autre point nommé centre.

D. Qu'est-ce qu'un rayon?

R. C'est une droite qui part du centre et aboutit à la circonférence.

D. Qu'est-ce qu'un diamètre?

R. C'est une droite qui passe par le centre, et dont les deux extrémités aboutissent à la circonférence.

D. Qu'est-ce qu'un cercle?

R. C'est l'espace renfermé par la circonférence.

D. Comment peut-on diviser une circonférence en huit parties égales?

R. En tirant deux diamètres, l'un horizontal, l'autre vertical, et en divisant l'espace compris entre leurs extrémités en deux parties égales. Si l'on continuait la bissection (division en deux parties égales), la circonférence se trouverait divisée en 16, en 32 et en 64 parties. Nous pouvons donc inscrire dans un cercle des polygones réguliers de 4, 8, 16, 32, 64, etc., côtés.

D. Comment peut-on inscrire un triangle équilatéral dans un cercle donné?

R. On portera six fois le rayon sur la circonférence, et, en joignant les points de division de deux en deux, on aura un triangle équilatéral inscrit. Par la bissection des arcs on divisera la circonférence en 12, 24, 48, 96, etc., parties. Nous pouvons donc par ce moyen inscrire des polygones réguliers de 3, 6, 12, 24, 48, 96, etc., côtés.

D. Qu'entendez-vous par des cercles tangents?

R. Ce sont des cercles qui se touchent en un seul point. On dit qu'un cercle est tangent à une droite quand il touche cette droite en un seul point.

D. Qu'entendez-vous par cercles concentriques ?

R. Ce sont des cercles qui ont un centre commun.

D. En combien de degrés est divisée une circonférence ?

R. Toute circonférence, grande ou petite, se divise en 360 degrés, ou 400 grades.

D. Qu'est-ce qu'une ellipse ?

R. L'ellipse est une courbe dont les diamètres verticaux et horizontaux sont d'inégale longueur; on les appelle axes. L'un se nomme le grand axe, l'autre le petit axe.

D. Qu'est-ce qu'un cône ?

R. Un cône est un corps rond dont la base est un cercle. Un pain de sucre donne l'idée d'un cône. Le cône est tronqué si on a retranché quelque portion de la partie supérieure; il est droit si la hauteur est perpendiculaire sur la base; il est oblique si la droite qui joint le sommet au centre de la base est une oblique à la base.

D. Qu'est-ce qu'un cylindre ?

R. On appelle cylindre un corps rond dont les bases opposées sont des cercles. Un tuyau de poêle, un tuyau pour la distribution des eaux, sont des cylindres. La hauteur d'un cylindre est la perpendiculaire abaissée du centre du cercle supérieur sur le cercle inférieur, ou sur le prolongement. Le cylindre est droit quand la droite qui joint les centres des deux cercles est cette perpendiculaire ; si la ligne qui joint les centres est oblique, le cylindre lui-même est alors oblique.

D. Qu'est-ce qu'une sphère ?

R. C'est un corps rond dont tous les points de la surface sont à égale distance d'un point intérieur nommé centre.

D. La terre sur la surface de laquelle nous habitons est-elle une sphère ?

R. C'est un sphéroïde, c'est-à-dire une espèce de sphère dont tous les rayons ne sont pas égaux. La terre, en effet, est aplatie aux pôles, et légèrement renflée à l'équateur.

D. La terre est-elle immobile ?

R. Non : elle tourne sur elle-même en 24 heures, et autour du soleil en 365 jours 5 heures 48 minutes 51 secondes 6 dixièmes. Ces mouvements expliquent les jours et les nuits ainsi que les saisons.

D. Qu'entend-on par ogives ?

R. Ce sont des arceaux qui passent au dedans d'une voûte d'un arc à l'autre. On appelle arceaux les arcs des voûtes ; on donne le même nom à des ornements de sculpture dont le contour est en forme de trèfles. Les ogives des croisées sont moins écartées que les arceaux des voûtes.

D. Qu'est-ce qu'une rosace ?

R. Une rosace est un ornement de forme circulaire, représentant une fleur de la famille des rosacées. Il faut remarquer que l'ornement a adopté des formes pour chaque fleur, qui ne sont pas l'imitation de la nature, mais qui sont de pure convention.

D. Qu'est-ce qu'une machine ?

R. C'est un instrument ou un assemblage de constructions plus ou moins simples, qui changent la direction d'une force, qui en augmentent l'intensité ou la vitesse, ou qui en transmettent l'action.

D. A combien de machines simples peut-on rapporter les machines les plus composées ?

R. A sept, savoir : aux *cordes*, aux *leviers*, à la *poulie*, au *plan incliné*, au *treuil*, à la *vis* et au *coin*.

D. Qu'est-ce que le levier ?

R. Le levier, considéré mathématiquement, est une ligne droite ou courbe, que l'on suppose inflexible et sans pesanteur. Dans la réalité, c'est une tige de bois ou de fer qui s'appuie sur un point fixe nommé *point d'appui ;* elle reçoit à un autre de ses points l'action d'une force nommée *puissance*, pour vaincre une autre force nommée *résistance*.

D. Combien y a-t-il d'espèces de leviers ?

R. On distingue trois sortes de leviers.

Leviers du premier genre. Dans lesquels le point d'appui est entre la puissance et la résistance : des ciseaux, une barre de fer à soulever des fardeaux, sont des leviers du premier genre.

Leviers du second genre. Dans lesquels la résistance est placée entre la puissance et le point d'appui : un couteau de boulanger attaché par son extrémité est un levier du second genre.

Leviers du troisième genre. Dans lesquels la puissance se trouve entre la résistance et le point d'appui : des pincettes, des cisailles à tondre les moutons, sont des leviers du troisième genre.

D. La balance n'est-elle pas un levier ?

R. Oui, c'est un levier du premier genre : une balance, pour être juste doit être sensible et avoir les deux bras d'une longueur égale.

D. Qu'entend-on par méthode des doubles pesées ?

R. C'est mettre dans un bassin le corps que l'on veut peser, et dans l'autre des poids, tels que ferrailles ou petit plomb, et, lorsqu'il y a équilibre, retirer le corps soumis à la pesée et le remplacer par les poids mesurés que donne la véritable pesanteur du corps.

D. Qu'est-ce qu'une romaine ?

R. La romaine est un levier du premier genre. C'est une espèce de balance dont les bras sont inégaux. Au moyen de la méthode des doubles pesées on peut en rendre l'usage très exact.

D. Qu'est-ce qu'une poulie?

R. La poulie simple sert à changer la direction d'une force, et à rendre le mouvement continu; c'est une roue en bois ou en métal, creusée en gorge à sa circonférence, et tournant sur un boulon ou cheville de fer qui reçoit la clavette, espèce de clou plat entrant dans l'ouverture pratiquée au boulon.

D. Quelle précaution doit-on observer dans la construction des poulies?

R. On doit observer 1° de ne pas creuser la gorge ronde, mais angulaire, pour que la corde se maintienne sans glisser; 2° de fixer l'axe à la poulie pour qu'elle puisse tourner librement, même quand le trou du boulon serait agrandi.

D. Qu'est-ce que les moufles?

R. Les moufles, nommées palans en terme de marine, sont des assemblages de poulies, dont les unes sont fixes et les autres mobiles, et cependant embrassées par une même corde.

D. Quel est l'effet produit par les moufles?

R. Pour connaître l'effet produit par cette machine, il suffit de multiplier la force de la personne qui la met en mouvement, par le double du nombre des poulies mobiles.

D. Ce résultat est-il exact?

R. Il faut le diminuer, à cause du frottement, du défaut de mobilité dans l'axe des poulies, et de la rigidité des cordes. Dans toutes les machines, le résultat ne répond pas aux calculs : le frottement est la cause principale de cette différence.

D. Qu'est-ce qu'un système de roues à engrenage?

R. C'est une machine qui a pour objet de changer la direction du mouvement, en le transmettant d'une roue à une autre, au moyen des pignons. Les pignons sont de petites roues à dents qui ont le même axe que les grandes. Les roues à engrenage sont très employées dans l'horlogerie.

Pour les pressoirs on se sert des roues, mais alors les dents sont remplacées par des chevilles ; dans les roues de moulin à eau, les dents et les chevilles sont remplacées pad es vannes ou augets.

D. Qu'est-ce que la vis?

R. C'est un cylindre droit creusé en forme de spirale, entrant dans une pièce creusée, nommée *écrou*, suivant la même spirale.

La distance d'un filet à l'autre se nomme *pas de vis*.

Les filets sont ou triangulaires ou quadrangulaires, selon le résultat que l'on veut obtenir.

D. Qu'est-ce qu'un treuil?

R. C'est un cylindre qui tourne, au moyen d'une manivelle, sur un axe soutenu par deux points fixes: avec peu de force on enlève un lourd fardeau.

D. Qu'est-ce qu'une grue?

R. C'est un treuil destiné à soulever des blocs de marbre, de pierre, etc., et dans lequel on remplace la manivelle par une très grande roue à chevilles que des hommes font mouvoir au moyen des pieds et des mains.

D. Qu'est-ce qu'un cabestan?

R. Le cabestan est un treuil dont le cylindre est placé verticalement ; on le met en mouvement au moyen de deux leviers de bois qui traversent sa tête, et aux extrémités desquels des hommes agissent de toute la force de leurs bras et de leurs corps.

D. Qu'est-ce qu'une vis sans fin?

R. C'est une machine composée d'un cylindre dont les extrémités sont portées sur des points fixes; elle est mue par une ou deux manivelles; deux filets, ordinairement de forme carrée, et faisant saillie sur la surface du cylindre, engrènent avec les dents d'une roue verticale à l'axe de laquelle se trouve un rouleau : c'est sur ce rouleau que se roule et se déroule la corde qui retient le fardeau. On peut, au moyen de cette machine, soulever un pesant fardeau avec une petite force, mais il faut alors beaucoup de temps.

D. Qu'est-ce qu'une patère?

R. C'est un ornement qui a la forme d'une coupe; il est en marbre, et le plus souvent en cuivre.

D. Que signifie le mot porte cochère?

R. La dénomination de porte cochère vient du mot coche, ancienne voiture. Porte cochère veut dire porte suffisamment grande pour y entrer avec un coche.

Les portes cochères de maisons d'habitations coûtent de 1,000 à 1,500 fr.

D. Qu'est-ce que l'ornement?

R. C'est la partie du dessin qui s'occupe d'embellir les différents produits des arts. Les dessins des papiers peints, ceux des étoffes; les figures qui ornent les vases, les meubles, les constructions de menuiserie, de serrurerie, de maçonnerie, etc., appartiennent à l'ornement. Les feuilles de chêne, de laurier, d'olivier, et les palmes, sont employées comme symboles. Le caducée est l'emblème de l'union et de la concorde, du commerce et de la paix. Le thyrse est un emblème de gaîté bachique. La lyre, la flûte, le tympanon, sont des emblèmes de joie et de plaisir.

D. Qu'est-ce qu'un sablier?

R. Les anciens se servaient pour marquer les heures d'horloges à sable nommées *sabliers* ou sables. Ils se servaient aussi d'horloges à eau, nommées *clepsydres*. Le sablier se composait de deux fioles réunies par le goulot. Le sable qui était placé dans la fiole du haut mettait un certain temps à tomber dans celle du bas. Alors on retournait le sablier, ce qui donnait une division assez régulière du temps.

D. Qu'est-ce qu'un piédouche?

R. C'est une base ornée de moulures.

D. Qu'est-ce qu'une élévation de bâtiment?

R. C'est le dessin de la façade d'un bâtiment.

D. Qu'est-ce que le plan géométrique d'une maison?

R. C'est la coupe faite par un plan horizontal.

Pour avoir une idée complète de la disposition intérieure d'une maison, on fait plusieurs plans géométriques: le plan des caves, le plan du rez-de-chaussée, et le plan de chaque étage.

D. Qu'est-ce qu'un profil de maison?

R. C'est la coupe verticale faite dans l'intérieur d'une maison par un plan vertical. Cette coupe sert à donner une idée de la distribution intérieure.

D. Donnez une idée de la manière dont on construit une maison.

R. Si le terrain sur lequel on veut construire est solide, on peut creuser les fondations pour y disposer des caves. On pose à sec, c'est-à-dire sur mortier, les *libages* ou quartiers de pierre dure. Sur cette première assise on place des moellons durs liés ensemble avec du mortier. Ensuite on élève les caves et les murs.

Si le sol n'est pas assez résistant, on bâtit sur pilotis ou sur plate-forme.

En élevant les murs, on a soin de placer aux angles et de distance en distance des chaînes verticales ou assises de pierres de taille pour soutenir les planchers. Ces chaînes verticales sont unies entre elles par des chaînes horizontales.

Les murs de face sont plus épais que ceux qui les traversent à angle droit et que l'on nomme murs de refend.

On divise les étages au moyen de cloisons, qui sont simples, pleines ou creuses. Ces cloisons ont 6 à 7 pouces d'épaisseur. Outre ces cloisons, il y a encore les cloisons légères, qui sont construites en briques, en carreaux de plâtre, ou simplement en planches à bateau.

Les portes sont maintenues par des poteaux d'huisserie; le dessus des croisées est maintenu par des pièces de bois horizontales appelées linteaux.

Pour éviter le feu, on ne place jamais l'âtre d'une cheminée sur des pièces de bois, mais sur un vide laissé dans le plancher et que l'on nomme *trémie*. Ce vide est rempli par deux ou trois barres de fer, sur lesquelles on place des plâtres. Sur ce hourdage on pose le foyer en pierre.

D. Qu'est-ce que le dessin linéaire graphique?

R. C'est le dessin qui emploie la règle, le compas, et les autres instruments.

D. A quoi sert-il?

R. Il sert dans les arts à obtenir des dessins parfaitement exacts.

FIN.

TABLE

DES MATIÈRES.

CHAPITRE II.

Division des lignes et des figures.

CHAPITRE III.

Application de la ligne droite.

II. — DE LA LIGNE COURBE, ET PRINCIPALEMENT DU CERCLE.

CHAPITRE IV.

Éléments géométriques.

III. — COMBINAISON DE LA LIGNE DROITE ET DE LA LIGNE COURBE.

CHAPITRE V.

Notions sur les machines.

CHAPITRE VI.

Application de la combinaison de la ligne droite et de la ligne courbe.

CHAPITRE VII.

Application du dessin linéaire à l'ornement.

CHAPITRE VIII.

Ornements qui dépendent principalement du goût.

CHAPITRE IX.

Modèles antiques pour la composition de l'ornement.

CHAPITRE X.

Moulures.

CHRPITRE XI.

Application des moulures au dessin des vases et de quelques monuments antiques.

CHAPITRE XII.

Application des ornements à quelques ouvrages de construction.

CHAPITRE XIII.

Modèles de balustres et de maisons.

DESSIN LINEAIRE GRAPHIQUE.

CHAPITRE XIV.

Tracé géométrique.

INSTRUCTION POUR L'APPLICATION DE L'ENSEIGNEMENT DU DESSIN LINÉAIRE.

CHAPITRE XV.

Enseignement mutuel. — Enseignement simultané. — Enseignement individuel.

QUESTIONS SUR LE DESSIN LINÉAIRE

SERVANT D'EXAMEN

POUR CONSTATER LE TRAVAIL DES ÉLÈVES.

CHAPITRE XVI.

IMPRIMERIE DE GUIRAUDET, RUE SAINT-HONORÉ, N° 315.

www.ingramcontent.com/pod-product-compliance
Ingram Content Group UK Ltd.
Pitfield, Milton Keynes, MK11 3LW, UK
UKHW020954230726
13923UKWH00007B/393